全国高等职业学校会计专业教材

财务会计实务（第二版）实训

主编 ◎ 上官健

中国劳动社会保障出版社

简　介

本书与国家级职业教育规划教材《财务会计实务（第二版）》配套使用，书中选用了与教材相同企业的连续经济业务资料和数据，以满足日常会计核算业务和一个会计年度内的年末、年初特殊账务处理工作的需要。实训答案可在网址 zyjy.class.com.cn 中下载。

本书由上官健主编，麦晓雨、朱小娟副主编，汪逸帆、邹江、李婉琼参与编写。具体分工如下：上官健负责项目 4 和项目 7，麦晓雨负责项目 3 和项目 5，朱小娟负责项目 8 和综合实训，汪逸帆负责项目 1 和项目 2，邹江负责项目 6，李婉琼负责项目 9。由上官健统稿。

图书在版编目（CIP）数据

财务会计实务（第二版）实训 / 上官健主编. -- 北京：中国劳动社会保障出版社，2018
全国高等职业学校会计专业教材
ISBN 978-7-5167-3363-9

Ⅰ.①财…　Ⅱ.①上…　Ⅲ.①财务会计 – 高等职业教育 – 教学参考资料　Ⅳ.① F234.4

中国版本图书馆 CIP 数据核字（2018）第 030156 号

中国劳动社会保障出版社出版发行
（北京市惠新东街 1 号　邮政编码：100029）
*
北京谊兴印刷有限公司印刷装订　　新华书店经销

787 毫米 ×1092 毫米　16 开本　10 印张　208 千字
2018 年 2 月第 1 版　　2023 年 6 月第 3 次印刷
定价：20.00 元

营销中心电话：400-606-6496
出版社网址：http://www.class.com.cn
http://jg.class.com.cn

Contents
目 录

上篇

会计核算业务单项实训

项目 1　会计基础工作

单项实训

本书采用海南万泉河啤酒有限责任公司 2017 年 12 月至 2018 年 2 月连续三个月的财务数据。为方便实训工作的开展，现给出如下基本信息：

万泉河啤酒公司地址为海口市金盘大道 88 号。公司法人代表李华，公司为增值税一般纳税人，纳税登记号 914600100089806666。公司基本存款账户开户银行及账号为工行海口市金盘支行 589806688。公司联系电话 0898-66819999。

一、企业会计核算规定

公司财务制度规定，支付 1,000 元以上的现金款项，一般开具现金支票交由借款人（经办人）到开户行自行取现。

二、实训任务

1. 请根据 2018 年 1 月 1 日账户期初余额表及费用明细账户表进行建账工作，见表 1—1 至表 1—4。

表 1—1　　2018 年 1 月 1 日账户期初余额表

单位：元

总账账户	明细账户	方向	单位	数量	余额
一、资产类					
库存现金		借			16,358.54
银行存款		借			29,084,594.14
其他货币资金		借			590,420.00
	银行汇票存款	借			12,400.00
	存出投资款	借			578,020.00
交易性金融资产（注 1）		借			150,000.00
	海马股票（成本）	借			120,000.00
	海马股票（公允价值变动）	借			30,000.00

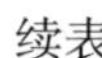
续表

总账账户	明细账户	方向	单位	数量	余额
应收票据	湛江康乐	借			420,000.00
应收账款		借			1,500,000.00
	广东诚运	借			180,000.00
	海口大福商贸行	借			428,000.00
	湛江康乐	借			322,000.00
	宏峰食品	借			2,340.00
	长江公司	借			567,660.00
预付账款	供电公司	借			15,306.16
其他应收款		借			90,853.30
	黄海公司	借			80,788.50
	嘉嘉装修公司	借			1,640.80
	中山市腾飞运输公司	借			8,424.00
坏账准备		贷			7,500.00
	应收账款	贷			7,500.00
在途物资		平			0.00
原材料		借			1,074,063.20
	麦芽	借	公斤	170,000	963,160.00
	啤酒花	借	公斤	570	50,363.20
	酵母	借	公斤	200	7,200.00
	清洗剂	借	公斤	3,300	33,000.00
	消毒剂	借	公斤	300	2,340.00
	胶水	借	公斤	2,250	18,000.00
库存商品		借			1,536,819.80
	清爽	借	箱	49,860	1,034,857.40
	纯生	借	箱	20,000	501,962.40
委托加工物资		平			0.00
包装物		借			747,860.00
	啤酒瓶	借	支	392,500	315,860.00
	清爽标签	借	个	1,160,000	116,000.00
	纯生标签	借	个	1,280,000	128,000.00
	清爽纸箱	借	个	60,000	90,000.00
	纯生纸箱	借	个	40,000	60,000.00

续表

总账账户	明细账户	方向	单位	数量	余额
	啤酒桶	借	个	19	38,000.00
低值易耗品		借			12,250.00
	维修配件	借	个	55	5,500.00
	维修工具	借	个	45	6,750.00
固定资产		借			67,559,600.00
	生产设备	借			15,663,157.90
	运输设备	借			5,662,421.05
	生产线	借			15,627,368.42
	房屋建筑物	借			17,947,368.42
	车间厂房	借			11,459,284.21
	办公设备	借			1,200,000.00
累计折旧		贷			11,283,918.00
在建工程		借			875,800.00
	仓库改建	借			613,800.00
	发酵设备	借			262,000.00
工程物资		借			3,067,000.00
	螺纹钢	借			67,000.00
	专用设备	借			3,000,000.00
固定资产清理		平			0.00
无形资产		借			6,250,000.00
	万泉河商标	借			50,000.00
	专有技术	借			5,000,000.00
	商标特许权	借			1,200,000.00
累计摊销		贷			1,211,666.67
递延所得税资产		借			1,875.00
待处理财产损溢		平			0.00
二、负债类					
短期借款		平			0.00
应付票据		平			0.00
应付账款		贷			996,564.60
	中山市玻璃瓶厂	贷			938,064.60
	海口富华加工厂	贷			58,500.00

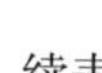
续表

总账账户	明细账户	方向	单位	数量	余额
预收账款		平			0.00
应付职工薪酬		贷			19,038.41
	职工福利费	贷			0.00
	工会经费	贷			14,730.91
	职工教育经费	贷			4,307.50
应交税费		贷			792,625.30
	应交个人所得税	贷			1,715.52
	应交增值税	贷			0.00
	未交增值税	贷			49,799.26
	应交消费税	贷			408,097.50
	应交城建税	贷			32,052.77
	应交教育费附加	贷			13,736.90
	应交所得税	贷			287,223.35
应付利息		平			0.00
应付股利		贷			2,000,000.00
	海南商贸集团	贷			500,000.00
	海口盛大百货集团	贷			500,000.00
	海南第一创投公司	贷			500,000.00
	北京联创公司	贷			500,000.00
其他应付款		贷			20,000.00
	海口会展中心	贷			20,000.00
长期借款（注2）		贷			13,000,000.00
	酿造车间改造借款	贷			1,000,000.00
	生产线借款	贷			12,000,000.00
递延所得税负债		贷			7,500.00
三、所有者权益类					
实收资本		贷			80,000,000.00
	海南商贸集团	贷			16,000,000.00
	海口盛大百货集团	贷			16,000,000.00
	海南第一创投公司	贷			16,000,000.00
	北京联创公司	贷			16,000,000.00
	上海裕达贸易公司	贷			16,000,000.00

续表

总账账户	明细账户	方向	单位	数量	余额
资本公积		贷			1,670,000.00
盈余公积		贷			513,125.76
本年利润		平			0.00
利润分配		贷			2,618,131.80
四、成本类					
生产成本		借			1,147,270.40
	纯生啤酒	借			1,147,270.40

注1：海马股票数量为10,000股。

注2：长期借款具体资料如下：酿造车间改造借款始于2014年8月，期限5年，利率1.44%，约定分期付息，2014年当年车间改造完工；生产线借款为2017年12月26日从银行借入，用于灌装车间扩建增设第二条生产线，期限5年，利率7.5%，约定分期付息。

表1—2 **“制造费用”明细账户**

办公费	物料消耗	水费	燃气费	薪酬	电费	折旧	其他

表1—3 **“销售费用”明细账户**

广告费	维修费	运输费	业务费	其他

表1—4 **“管理费用”明细账户**

薪酬	水电费	招待费	差旅费	办公费	维修费	邮电费	折旧	摊销	税金	其他

2. 根据下列各项业务的具体资料，填写每个业务所附的空白原始单据。

业务1—1 出纳方荷根据付款申请单填写转账支票和银行进账单，见表1—5至表1—7。

表1—5 **付款（用款）申请单**

日期：2018年1月3日　　附件：1张

收款单位名称	海口市四方电脑公司				
开　户　行	交行海口市大同路支行	账号	60230001024098897		
收 款 地 址	海口市	付款方式	转账支票		
申请付款金额	（人民币大写）贰万捌仟零捌拾元整　¥28,080.00				
款 项 用 途	购HP电脑4台				
总经理	王帆	部门负责人	刘波	经办人	李伟

财务经理：冯阳　　会计审核：张茜　　出纳：

表 1—6

中国工商银行 转账支票存根 支票号码：089800202 科　　目＿＿＿＿＿＿ 对方科目＿＿＿＿＿＿ 出票日期　　年　月　日 收款人：＿＿＿＿＿＿ 金　额：＿＿＿＿＿＿ 用　途：＿＿＿＿＿＿ 备　注：＿＿＿＿＿＿ 单位主管　　会计	**中国工商银行转账支票**　　支票号码：089800202 出票日期（大写）　年　月　日　　开户行名称：工行海口市金盘支行 收款人：　　签发人账号：589806688

人民币（大写）	千	百	十	万	千	百	十	元	角	分

用途＿＿＿＿＿＿　　科　目（借）＿＿＿＿

对方科目（贷）＿＿＿＿

上列款项从我账户内支付　　转账日期　年　月　日

复核　　记账

出票人盖章

表 1—7

中国工商银行　**进账单**（回单）　**1**　　No1227941

年　月　日　　第　号

付款人	全称		收款人	全称		此联是出票人开户银行交给出票人的回单
	账号			账号		
	开户银行			开户银行		

人民币（大写）	千	百	十	万	千	百	十	元	角	分

票据种类		出票人开户行盖章
票据张数		
单位主管　会计　复核　记账		

注：1. 银行进账单第一联为"回单"，应由出票人开户银行在办理手续后交还出票人留存。

2. 银行进账单第二联为"贷方凭证"，应由收款人开户银行留存。

3. 银行进账单第三联为"收账通知"，应由出票人开户银行交给收款人。

4. 填制进账单时，应注意单据右侧注释文字，清楚各联作用和留存对象。

业务 1—2　出纳方荷根据付款申请单填写银行承兑汇票（见表 1—8、表 1—9），承兑协议编号 953324，付款期限 6 个月，开户银行行号 141。

表 1—8

付款（用款）申请单

日期：2018 年 1 月 3 日　　附件：1 张

收款单位名称	兰州啤酒物资有限责任公司				
开　户　行	工行兰州市分行		账号	189805796	
收 款 地 址	兰州市		付款方式	银行承兑汇票	
申请付款金额	（人民币大写）叁拾贰万柒仟陆佰元整　　¥ 327,600.00				
款 项 用 途	采购麦芽 50,000 公斤，单价为 5.6 元 / 公斤，价税合计 327,600.00 元				
总经理	张杰	部门负责人	程斌	经办人	周明

财务经理：冯阳　　会计审核：张茜　　出纳：

表 1—9

银行承兑汇票（卡片）　　1

出票日期（大写）　年　月　日　　1000000000809

<table>
<tr><td>出票人全称</td><td colspan="2"></td><td rowspan="3">收款人</td><td>全　称</td><td colspan="11"></td></tr>
<tr><td>出票人账号</td><td colspan="2"></td><td>账　号</td><td colspan="11"></td></tr>
<tr><td>付款行全称</td><td colspan="2"></td><td>开户银行</td><td colspan="11"></td></tr>
<tr><td rowspan="2">出票金额</td><td colspan="4" rowspan="2">人民币
（大写）</td><td>亿</td><td>千</td><td>百</td><td>十</td><td>万</td><td>千</td><td>百</td><td>十</td><td>元</td><td>角</td><td>分</td></tr>
<tr><td></td><td></td><td></td><td></td><td></td><td></td><td></td><td></td><td></td><td></td><td></td></tr>
<tr><td>汇票到期日</td><td colspan="2"></td><td rowspan="2">付款行</td><td>行　号</td><td colspan="11"></td></tr>
<tr><td>承兑协议号</td><td colspan="2"></td><td>地　址</td><td colspan="11"></td></tr>
<tr><td colspan="2">本汇票请你行承兑，此项汇票款我单位按承兑协议于到期日前足额交存你行，到期请予以支付。

出票人签章</td><td colspan="3">

备注：</td><td colspan="11">科目（借）__________
对方科目（贷）________
转账　年　月　日

复核　记账</td></tr>
</table>

此联承兑行留存备查，到期支付票款时作借方凭证附件

注：1. 银行承兑汇票第一联，应由承兑行留存备查，到期支付票款时作为借方凭证附件。

2. 银行承兑汇票第二联，应由收款人开户行随委托收款凭证寄付款行作为借方凭证附件。

3. 银行承兑汇票第三联，应由出票人留存备查。

4. 填制银行承兑汇票时，应注意单据右侧注释文字，清楚各联作用和留存对象。

业务 1—3 出纳方荷根据付款申请单填写银行汇票申请书，见表 1—10、表 1—11。

表 1—10

付款（用款）申请单

日期：2018 年 1 月 4 日　　附件：1 张

收款单位名称	中山市玻璃瓶厂				
开　户　行	工行中山市支行		账号	645010801	
收 款 地 址	中山市		付款方式	银行汇票	
申请付款金额	（人民币大写）捌拾肆万捌仟元整　　¥ 848,000.00				
款 项 用 途	采购玻璃瓶，申请开立银行汇票				
总经理	张杰	部门负责人	程斌	经办人	周明

财务经理：冯阳　　会计审核：张茜　　出纳：方荷

表 1—11

中国工商银行 **汇票申请书**（存根）　1

申请日期　年　月　日　　第 1213 号

申请人		收款人											
账号或地址		账号或地址											
用途		代理付款行											
人民币（大写）			千	百	十	万	千	百	十	元	角	分	此联申请人留存
备注： 科目________ 对方科目________ 财务主管　复核　经办													

注：1. 银行汇票申请书第一联为“存根”，应由申请人留存。
2. 银行汇票申请书第二联为“借方凭证”，应由出票行作为借方凭证。
3. 银行汇票申请书第三联为“贷方凭证”，应由出票行作为汇出汇款贷方凭证。
4. 填制银行汇票申请书时，应注意单据右侧注释文字，清楚各联作用。

业务 1—4 会计张茜根据销售清单开具发票，出纳方荷根据收到的银行汇票填写进账单，见表 1—12 至表 1—17。（方荷身份证号码 460100198209162233，发证机关：海口市公安局龙华分局）

表 1—12

销售清单

2018 年 1 月 6 日 NO.0901010

购货单位	名称	湖南锦发贸易有限公司		纳税人登记号	914300100020035676		
	地址、电话	湖南省长沙市人民路 235 号，0731–32335669		开户银行及账号	工行长沙市兴城支行 031279878		
货物及应税劳务名称		计量单位	数量	单价	金额	税率	税额
清爽啤酒		箱	30,000	28.00	840,000.00	17%	142,800.00
合计					840,000.00		142,800.00
价税合计		人民币（大写）玖拾捌万贰仟捌佰元整 ￥982,800.00					
合同号		HNE200901018		销售人员	赵山	会计	
出库单号		101		销售主管	李立	制单	钱侠
备注		1. 开增值税普通发票；2. 已收银行汇票					

表 1—13

4600171320 **海南增值税普通发票** №15605890

海南 国家税务总局监制

开票日期： 年 月 日

购买方	名称：				密码区			
	纳税人识别号：							
	地址、电话：							
	开户银行及账号：							
货物或应税劳务、服务名称		规格型号	单位	数量	单价	金额	税率	税额
合计								
价税合计（大写）		（小写）						
销售方	名称：				备注			
	纳税人识别号：							
	地址、电话：							
	开户银行及账号：							

第一联 记账联

收款人： 复核： 开票人： 销售方：（章）

注：1. 增值税普通发票第一联为“记账联”，应由销售单位留存，作为记账凭证附件。

2. 增值税普通发票第二联为“发票联”，应交给交款人留存，应加盖销售单位发票专用章。

3. 填制增值税普通发票时，应注意单据右侧注释文字，清楚各联作用和留存对象。

表 1—14

付款期
一个月

中国工商银行
银行汇票 2

VII II 37862532

第 23658 号

出票日期（大写） 贰零壹捌年零壹月零肆日

代理付款行：工行海口市金盘支行 行号：141

收款人：海南万泉河啤酒有限责任公司 账号或地址：589806688

出票金额 人民币（大写） 玖拾捌万贰仟捌佰元整

实际结算金额 人民币（大写）

千	百	十	万	千	百	十	元	角	分

申请人：湖南锦发贸易有限公司 账号或地址：031279878

出票行：工行长沙市兴城支行 行号：62879

汇款用途：商品采购

凭票付款

出票人签章：（中国工商银行 汇票专用章 62879）（将京）

多余金额

千	百	十	万	千	百	十	元	角	分

账户（借）

对方账户（贷）

兑付期限 年 月 日

复核 记账

此联代理付款行付款后作联行转账借方凭证附件

（银行汇票正面）

表 1—15

被背书人	被背书人	被背书人
背书人签章 年 月 日	背书人签章 年 月 日	背书人签章 年 月 日

粘贴单处

持票人向银行提示付款签章：

身份证件名称：

号 码：

发证机关：

（银行汇票背面）

表 1—16

<table>
<tr><td>付款期
一个月</td><td colspan="3">中国工商银行
银行汇票（解讫通知）</td><td>3</td><td>VII II 37862532
第 23658 号</td></tr>
<tr><td colspan="3">出票日期（大写）　贰零壹捌年零壹月零肆日</td><td colspan="3">代理付款行：工行海口市金盘支行　　行号：141</td></tr>
<tr><td colspan="3">收款人：海南万泉河啤酒有限责任公司</td><td colspan="2">账号或地址：589806688</td><td rowspan="6">此联代理付款行兑付后随报单寄出票行，由出票行作多余款贷方凭证</td></tr>
<tr><td colspan="5">出票金额　人民币
（大写）玖拾捌万贰仟捌佰元整</td></tr>
<tr><td colspan="3">实际结算金额　人民币
（大写）</td><td colspan="2">千 百 十 万 千 百 十 元 角 分</td></tr>
<tr><td colspan="3">申请人：湖南锦发贸易有限公司
出票行：工行长沙市兴城支行</td><td colspan="2">账号或地址：031279878
行号：62879</td></tr>
<tr><td>汇款用途：商品采购
代理付款人章：
复核：　　经办：
年　月　日</td><td colspan="2">多余金额
千 百 十 万 千 百 十 元 角 分</td><td colspan="2">科目（贷）
对方科目（借）
转账期限　　年　月　日
复核　　　记账</td></tr>
</table>

表 1—17

<table>
<tr><td colspan="4">中国工商银行　**进账单**（回单）
年　月　日</td><td>1</td><td>No1227942
第　号</td></tr>
<tr><td rowspan="3">付款人</td><td>全称</td><td></td><td rowspan="3">收款人</td><td>全称</td><td></td></tr>
<tr><td>账号</td><td></td><td>账号</td><td></td></tr>
<tr><td>开户银行</td><td></td><td>开户银行</td><td></td></tr>
<tr><td colspan="4">人民币
（大写）</td><td colspan="2">千 百 十 万 千 百 十 元 角 分</td></tr>
<tr><td colspan="2">票据种类</td><td></td><td colspan="3" rowspan="3">出票人开户行盖章</td></tr>
<tr><td colspan="2">票据张数</td><td></td></tr>
<tr><td colspan="3">单位主管　　会计　　复核　　记账</td></tr>
</table>

此联是出票人开户银行交给出票人的回单

业务 1—5 会计张茜根据销售清单开具增值税专用发票，见表 1—18、表 1—19。

表 1—18

销售清单

2018 年 1 月 8 日 NO.0901011

购货单位	名称	海南新兴公司			纳税人登记号		914600100035058765	
	地址、电话	海口市和平南路 56 号 0898-65323389			开户银行及账号		工行海口市和平南路支行 024517975	
货物及应税劳务名称		计量单位	数量	单价	金额		税率	税额
纯生啤酒		箱	30,000	35.00	1,050,000.00		17%	178,500.00
合计					1,050,000.00			178,500.00
价税合计		人民币（大写）壹佰贰拾贰万捌仟伍佰元整 ¥1,228,500.00						
合同号		HNE201801022			销售人员	赵山	会计	
出库单号		102			销售主管	李立	制单	钱侠
备注		1. 开增值税专用发票；2. 已收银行承兑汇票，金额包括代垫运费 1,500 元						

表 1—19

4600171130 **海南增值税专用发票** No03344128

开票日期： 年 月 日

购买方	名称： 纳税人识别号： 地址、电话： 开户银行及账号：				密码区			
货物或应税劳务、服务名称		规格型号	单位	数量	单价	金额	税率	税额
合计								
价税合计（大写）		（小写）						
销售方	名称： 纳税人识别号： 地址、电话： 开户银行及账号：				备注			

第一联 记账联

收款人： 复核： 开票人： 销售方：（章）

注：1. 增值税专用发票第一联为“记账联”，应由销售单位留存，作为记账凭证附件。

2. 增值税专用发票第二联为“发票联”，应交给购货人留存，应加盖销售单位发票专用章。

3. 增值税专用发票第三联为“抵扣联”，应交给购货人留存，应加盖销售单位发票专用章。

4. 填制增值税专用发票时，应注意单据右侧注释文字，清楚各联作用和留存对象。

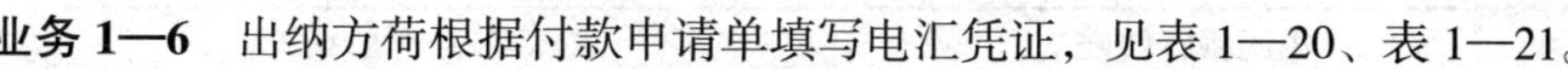

业务 1—6　出纳方荷根据付款申请单填写电汇凭证，见表 1—20、表 1—21。

表 1—20　　**付款（用款）申请单**

日期：2018 年 1 月 10 日　　附件：3 张

<table>
<tr><td>收款单位名称</td><td colspan="5">南京市机电设备有限责任公司</td></tr>
<tr><td>开　户　行</td><td colspan="2">建行南京市玄武支行</td><td>账号</td><td colspan="2">38756484</td></tr>
<tr><td>收 款 地 址</td><td colspan="2">南京市</td><td>付款方式</td><td colspan="2">电汇</td></tr>
<tr><td>申请付款金额</td><td colspan="5">（人民币大写）贰佰玖拾伍万壹仟玖佰柒拾叁元整　　¥ 2,951,973.00</td></tr>
<tr><td>款 项 用 途</td><td colspan="5">灌装二车间购入需要安装的自动生产线一条</td></tr>
<tr><td>总经理</td><td>王帆</td><td>部门负责人</td><td>刘波</td><td>经办人</td><td>李伟</td></tr>
</table>

财务经理：冯阳　　会计审核：张茜　　出纳：

表 1—21

中国工商银行　**电汇凭证**（回单）　**1**　　NO：0288934

委托日期　年　月　日　　第　号

<table>
<tr><td rowspan="3">汇款人</td><td>全称</td><td colspan="3"></td><td rowspan="3">收款人</td><td>全称</td><td colspan="10"></td></tr>
<tr><td>账号或住址</td><td colspan="3"></td><td>账号或住址</td><td colspan="10"></td></tr>
<tr><td>汇出地点</td><td></td><td>汇出行名称</td><td></td><td>汇入地点</td><td colspan="3"></td><td colspan="3">汇入行名称</td><td colspan="4"></td></tr>
<tr><td rowspan="2">金额</td><td colspan="6" rowspan="2">人民币（大写）</td><td>千</td><td>百</td><td>十</td><td>万</td><td>千</td><td>百</td><td>十</td><td>元</td><td>角</td><td>分</td></tr>
<tr><td></td><td></td><td></td><td></td><td></td><td></td><td></td><td></td><td></td><td></td></tr>
<tr><td colspan="5">汇款用途：</td><td colspan="12" rowspan="2">（汇出行盖章）
年　月　日</td></tr>
<tr><td colspan="5">上列款项已根据委托办理，如需查询，请持此回单来行面洽。
单位主管　会计　复核　记账</td></tr>
</table>

此联是汇出行给汇款人的回单

注：1. 银行电汇凭证第一联为“回单”，应由汇出行办理手续后交还汇款人留存。

2. 银行电汇凭证第二联为“借方凭证”，应由汇出行留存，作为借方凭证。

3. 银行电汇凭证第三联为“发电依据”，应由汇出行留存，作为汇出行拍发电报的依据。

4. 填制银行电汇凭证时，应注意单据右侧注释文字，清楚各联作用和留存对象。

业务 1—7　1 月 12 日，出纳方荷持收到的转账支票在本公司开户行办理入账手续，见表 1—22 至表 1—24。

表 1—22

<table>
<tr><td colspan="10">中国银行转账支票</td><td colspan="10">支票号码：2783345</td></tr>
<tr><td colspan="10">出票日期（大写）贰零壹捌年零壹月壹拾贰日</td><td colspan="10">开户行名称：中行海口市龙珠支行</td></tr>
<tr><td colspan="10">收款人：海南万泉河啤酒有限责任公司</td><td colspan="10">签发人账号：247287124</td></tr>
<tr><td colspan="10" rowspan="2">人民币
（大写）贰拾万元整</td><td>千</td><td>百</td><td>十</td><td>万</td><td>千</td><td>百</td><td>十</td><td>元</td><td>角</td><td>分</td></tr>
<tr><td></td><td>¥</td><td>2</td><td>0</td><td>0</td><td>0</td><td>0</td><td>0</td><td>0</td><td>0</td></tr>
<tr><td colspan="10">用途 预付货款
上列款项从我账户内支付
复核　　记账
出票人盖章
（印章：海口湘运贸易公司 财务专用章）（印章：韩牧）</td><td colspan="10">科　　目（借）
对方科目（贷）
转账日期　　年　月　日</td></tr>
</table>

（转账支票正面）

表 1—23

<table>
<tr><td colspan="3"></td><td rowspan="3">（粘贴单处）</td></tr>
<tr><td rowspan="2"></td><td rowspan="2">附加信息：</td><td>被背书人：</td></tr>
<tr><td>背书人签章：
年　月　日</td></tr>
</table>

（转账支票背面）

表 1—24

中国工商银行　**进账单**（回单）　　1　　No2116753

年　月　日　　第　号

<table>
<tr><td rowspan="3">付款人</td><td>全称</td><td colspan="2"></td><td rowspan="3">收款人</td><td>全称</td><td colspan="10"></td><td rowspan="7">此联是出票人开户银行交给出票人的回单</td></tr>
<tr><td>账号</td><td colspan="2"></td><td>账号</td><td colspan="10"></td></tr>
<tr><td>开户银行</td><td colspan="2"></td><td>开户银行</td><td colspan="10"></td></tr>
<tr><td colspan="6" rowspan="2">人民币
（大写）</td><td>千</td><td>百</td><td>十</td><td>万</td><td>千</td><td>百</td><td>十</td><td>元</td><td>角</td><td>分</td></tr>
<tr><td></td><td></td><td></td><td></td><td></td><td></td><td></td><td></td><td></td><td></td></tr>
<tr><td>票据种类</td><td colspan="2"></td><td colspan="13" rowspan="3">出票人开户行盖章</td></tr>
<tr><td>票据张数</td><td colspan="2"></td></tr>
<tr><td colspan="3">单位主管　　会计　　复核　　记账</td></tr>
</table>

业务1—8 1月15日，出纳方荷收到中山腾飞运输公司交来的现金赔偿款8,424元，见表1—25。

表1—25

收款收据

年 月 日 №36475451

交款单位（或个人）		交款方式		金额								备注	第一联存根联
				十	万	千	百	十	元	角	分		
人民币合计（大写）													
交款事由													

收款单位 主管 会计 出纳

注：1. 收款收据第一联为“存根联”，应由收款单位留存。
2. 收款收据第二联为“记账联”，应由收款单位留存，作为记账凭证附件。
3. 收款收据第三联为“收款依据联”，应由交款人留存。应加盖收款单位财务专用章。
4. 填制收款收据时，应注意单据右侧注释文字，清楚各联作用和留存对象。

业务1—9 1月15日，出纳方荷清点当日现金后，将超过库存现金限额的现金7,597元填写现金缴款单送存开户银行，见表1—26。

表1—26

中国工商银行**现金缴款单**

缴款日期 年 月 日 传票编号 第 号

收款单位	全称					款项来源								第一联 退给收款单位作为收款通知
	账号													
	开户银行													

人民币（大写）		千	百	十	万	千	百	十	元	角	分

票面	壹佰	伍拾	拾元	伍元	贰元	壹元	伍角	贰角	壹角	伍分	贰分	壹分	收款员：
把（百张）													复核员：
卡（二十张）													
尾数款		凭证张数		金额									收款日期：

注：1. 银行现金缴款单第一联，应退给收款单位作为收款通知。
2. 银行现金缴款单第二联，应由银行办理手续后交缴款人作为回执留存。
3. 填制银行现金缴款单时，应注意单据右侧注释文字，清楚各联作用和留存对象。

业务1—10 出纳方荷根据借款单填写现金支票交张林，见表1—27至表1—28。张林填写现金支票背面，见表1—29。（张林身份证号码：460100197506122342，发证机关：海口市公安局美兰分局）

表 1—27　　　　借　款　单

2018 年 1 月 16 日

<table>
<tr><td>借款部门</td><td>采购部</td><td>借款人</td><td>张林</td><td colspan="8">金额</td></tr>
<tr><td>借款事由</td><td colspan="3">预借差旅费</td><td>十</td><td>万</td><td>千</td><td>百</td><td>十</td><td>元</td><td>角</td><td>分</td></tr>
<tr><td>人民币
（大写）</td><td colspan="3">伍仟元整</td><td></td><td>¥</td><td>5</td><td>0</td><td>0</td><td>0</td><td>0</td><td>0</td></tr>
<tr><td>部门主管</td><td>张杰</td><td>分管领导</td><td colspan="9">程斌</td></tr>
</table>

财务经理：冯阳　　会计：张茜　　出纳：方荷

表 1—28

中国工商银行
现金支票
支票号码：0701254
科　　目＿＿＿＿＿＿
对方科目＿＿＿＿＿＿
出票日期　　年　月　日

收款人：＿＿＿＿＿＿
金　额：＿＿＿＿＿＿
用　途：＿＿＿＿＿＿
备　注：＿＿＿＿＿＿

单位主管　　会计

中国工商银行现金支票　　支票号码：0701254

出票日期（大写）　年　月　日　　开户行名称：工行海口市金盘支行

收款人：　　签发人账号：589806688

人民币（大写）	千	百	十	万	千	百	十	元	角	分

用途＿＿＿＿＿＿　　科　　目（借）＿＿＿＿

对方科目（贷）＿＿＿＿

上列款项从我账户内支付　　付讫日期　年　月　日

出纳　复核　记账

出票人盖章

（现金支票正面）

表 1—29

附加信息：

收款人签章：
年　月　日

身份证件名称：　　发证机关：

号码

（粘贴单处）

（现金支票背面）

业务 1—11　1 月 30 日，出纳方荷根据到期的银行承兑汇票填写委托收款单办理收款手续，见表 1—30 至表 1—32。

表 1—30

银行承兑汇票　2

出票日期（大写）：贰零壹柒年零玖月贰拾玖日　210000735658

<table>
<tr><td>出票人全称</td><td>湛江康乐有限责任公司</td><td rowspan="3">收款人</td><td>全称</td><td colspan="11">海南万泉河啤酒有限责任公司</td></tr>
<tr><td>出票人账号</td><td>148980754</td><td>账号</td><td colspan="11">589806688</td></tr>
<tr><td>付款行全称</td><td>工行湛江市分行</td><td>开户银行</td><td colspan="11">工行海口市金盘支行</td></tr>
<tr><td rowspan="2">出票金额</td><td rowspan="2" colspan="3">人民币（大写）肆拾贰万元整</td><td>亿</td><td>千</td><td>百</td><td>十</td><td>万</td><td>千</td><td>百</td><td>十</td><td>元</td><td>角</td><td>分</td></tr>
<tr><td></td><td></td><td>¥</td><td>4</td><td>2</td><td>0</td><td>0</td><td>0</td><td>0</td><td>0</td><td>0</td></tr>
<tr><td>汇票到期日</td><td>贰零壹捌年零壹月贰拾玖日</td><td rowspan="2">付款行</td><td>行号</td><td colspan="11">01537</td></tr>
<tr><td>承兑协议号</td><td>187426</td><td>地址</td><td colspan="11">湛江市</td></tr>
<tr><td colspan="2">本汇票请你行承兑，到期无条件付款
[印章：湛江康乐有限责任公司 财务专用章] [印章：沈兵]
出票人签章</td><td colspan="3">本汇票已经承兑，到期日由本行付款
[印章：中国工商银行 汇票专用章 01537] [印章：高山]
承兑日期　2017 年 09 月 29 日
备注：</td><td colspan="11">科目（借）＿＿＿＿
对方科目（贷）＿＿＿＿
转账　年　月　日
复核　记账</td></tr>
</table>

此联收款人开户行随委托收款凭证寄付款行作借方凭证附件

（银行承兑汇票正面）

表 1—31

被背书人	被背书人	被背书人	粘贴单处
背书人签章 年　月　日	背书人签章 年　月　日	背书人签章 年　月　日	

（银行承兑汇票背面）

表 1—32

委电

委托收款凭证（回单） 1 委收号码 第 号

委托日期 年 月 日 付款期限：3 日

<table>
<tr><td rowspan="3">付款人</td><td>全称</td><td colspan="3"></td><td rowspan="3">收款人</td><td>全称</td><td colspan="10"></td><td rowspan="7">此联是收款人开户行给收款人的回单</td></tr>
<tr><td>账号</td><td colspan="3"></td><td>账号</td><td colspan="10"></td></tr>
<tr><td>开户银行</td><td colspan="3"></td><td>开户银行</td><td colspan="10"></td></tr>
<tr><td rowspan="2">托收金额</td><td colspan="6" rowspan="2">人民币
（大写）</td><td>千</td><td>百</td><td>十</td><td>万</td><td>千</td><td>百</td><td>十</td><td>元</td><td>角</td><td>分</td></tr>
<tr><td></td><td></td><td></td><td></td><td></td><td></td><td></td><td></td><td></td><td></td></tr>
<tr><td>款项内容</td><td colspan="2"></td><td colspan="2">委托收款凭据名称</td><td colspan="2"></td><td colspan="2">附寄单据张数</td><td colspan="8"></td></tr>
<tr><td colspan="3">备注：
电划</td><td colspan="4">款项收妥日期
年 月 日</td><td colspan="10">收款人开户银行盖章
年 月 日</td></tr>
</table>

单位主管 会计 复核 记账

注：1. 委托收款凭证第一联为“回单”，应由收款人开户行办理手续后交还收款人留存。

2. 委托收款凭证第二联为“贷方凭证”，应由收款人开户行留存，作为贷方凭证。

3. 委托收款凭证第三联为“借方凭证”，应由付款人开户行留存，作为借方凭证。

4. 委托收款凭证第四联为“发电依据”，应交付款人开户行留存，作为拍发电报的依据。

5. 委托收款凭证第五联为“付款通知”，应由付款人开户行交付款人留存，通知付款人按期承付款项。

6. 填制委托收款凭证时，应注意单据右侧注释文字，清楚各联作用和留存对象。

3. 下列给出各项业务的具体资料，请编制记账凭证，见表 1—33 至表 1—55。

业务 1—12 根据业务 1—8 的收款收据填制记账凭证。

业务 1—13 根据业务 1—9 中从银行取回的现金缴款单填制记账凭证。

业务 1—14 根据业务 1—10 的借款单和现金支票存根填制记账凭证。

业务 1—15

表 1—33 费用报销单

报销日期：2018 年 1 月 17 日 附件：1 张

<table>
<tr><td>费用项目</td><td>类别</td><td>金额</td><td rowspan="2">总经理
（签字）</td><td rowspan="2">王帆</td></tr>
<tr><td>办公室电脑修理费用</td><td>修理费</td><td>430.00</td></tr>
<tr><td></td><td></td><td></td><td rowspan="2">部门
（签字）</td><td rowspan="2">刘波</td></tr>
<tr><td></td><td></td><td></td></tr>
<tr><td></td><td>现金付讫</td><td></td><td rowspan="2">报销人
（签字）</td><td rowspan="2">李伟</td></tr>
<tr><td></td><td></td><td></td></tr>
<tr><td>报销金额合计</td><td></td><td>¥430.00</td><td colspan="2"></td></tr>
<tr><td colspan="5">核实金额（大写）肆佰叁拾元整 ¥430.00</td></tr>
<tr><td colspan="2">借款金额：</td><td colspan="2">应退金额：</td><td>应补金额：</td></tr>
</table>

财务经理：冯阳 会计审核：张茜 出纳：方荷

表 1—34

4600171320　　**海南增值税普通发票**　　No02037429

发票联　　开票日期：2018 年 01 月 17 日

购买方	名称：	海南万泉河啤酒有限责任公司	密码区	
	纳税人识别号：	914600100089806666		
	地址、电话：	海口市金盘大道 88 号 66819999		
	开户银行及账号：	工行海口市金盘支行 589806688		

货物或应税劳务、服务名称	规格型号	单位	数量	单价	金额	税率	税额
修理费			1	417.48	417.48	3%	12.52
合计					417.48		12.52
价税合计（大写）	⊗ 肆佰叁拾元整				（小写）¥430.00		

销售方	名称：	海口世纪电脑经营部	备注	海口世纪电脑经营部 914601001983032028 发票专用章
	纳税人识别号：	914601001983032028		
	地址、电话：	海口市南宝路 58 号 66893653		
	开户银行及账号：	建行海口市南宝支行 56781254		

收款人：　　复核：　　开票人：孙小红　　销售方：（章）

第二联 发票联

业务 1—16

表 1—35　　**差旅费报销单**

2018 年 1 月 17 日

项目名称	摘　要	金　额	备　注	部门	办公室
				姓名	刘波
住宿费		1,260.00	附单据 1 张	职别	经理
会务费				出差地点	上海
其他				往返天数	4 天
				出差事由	参加会议
车船费	火车		附单据 1 张	支出摘要说明	
	汽车				
	飞机	3,420.00			
	其他				
合计报销金额		4,680.00			
合计人民币（大写）肆仟陆佰捌拾元整					
借款金额	0	应退金额		应补金额	4,680.00
总经理	王帆	部门审核		报销人	刘波

财务经理：冯阳　　会计审核：张茜　　出纳：方荷

表 1—36

航空运输电子客票行程单

ITINERARY/RECEIPT OF E-TICKET FOR AIR TRANSPORT　　印刷序列号：401440600005 SERIAL NUMBER：

旅客姓名									
刘波	承运人	航班号	座位等级	日期	时间	客票级别/客票类别	客票生效日期	客票截止日期	免费行李
自 FROM 海口 HAK	HU	7119	Y	11JAN	0805	Y100			20kg
至 TO 上海 SHG	HU	7320	Y	14JAN	2020	Y100			20kg
至 TO 海口 HAK									
至 TO VOID									
至 TO									
	票价 FARE CNY 3,320.00		机场建设费 AIRPORT TAX CNY 100.00		燃油附加费 FUEL SURCHARGE		其他税费 OTHER TAXES	合计 TOTAL CNY 3,420.00	
电子客票号码 E-TICKET NO 8803163000921			验证码 CK 6688		提示信息 INFORMATION		保险费 INSURANCE		
销售单位代码 AGENT CODE HK5008			填开单位：售票中心 ISSUED BY			填开日期 DATE OF ISSUE	2018-01-09		

表 1—37

3100171320　　**上海增值税普通发票**　　No03385691

发 票 联　　开票日期：2018 年 01 月 17 日

购买方	名称：	海南万泉河啤酒有限责任公司			密码区			
	纳税人识别号：	914600100089806666						
	地址、电话：	海口市金盘大道 88 号 66819999						
	开户银行及账号：	工行海口市金盘支行 589806688						
货物或应税劳务、服务名称		规格型号	单位	数量	单价	金额	税率	税额
住宿费				1	1,188.68	1,188.68	6%	71.32
合计						1,188.68		71.32
价税合计（大写）		⊗ 壹仟贰佰陆拾元整				（小写）¥1,260.00		
销售方	名称：	上海锦海之星大酒店			备注	上海锦海之星大酒店 913101020216536788 发票专用章		
	纳税人识别号：	913101020216536788						
	地址、电话：	上海市明珠路 11 号 53224756						
	开户银行及账号：	建行上海市浦东支行 558896871						

收款人：　　复核：　　开票人：张乐　　销售方：（章）

第二联 发票联

表 1—38

中国工商银行
现金支票

支票号码：0701256
科　　目＿＿＿＿＿＿＿＿
对方科目＿＿＿＿＿＿＿＿
出票日期 2018 年 1 月 17 日

收款人：刘波
金额：¥ 4,680.00
用途：差旅费
备注：

单位主管　　　　会计

业务 1—17

表 1—39

付款（用款）申请单

日期：2018 年 1 月 18 日　　　　附件：1 张

收款单位名称	海口世纪电脑经营部				
开　户　行	交行海口市大同路支行		账号	60230001074638912	
收 款 地 址	海口市		付款方式	转账支票	
申请付款金额	（人民币大写）壹仟贰佰叁拾伍元整　　¥ 1,235.00				
款 项 用 途	购买 A4 纸、墨盒等办公用品，合计 1,235.00 元				
总经理	王帆	部门负责人	刘波	经办人	李伟

财务经理：冯阳　　　　会计审核：张茜　　　　出纳：方荷

表 1—40

4600171320　　海南增值税普通发票　　№00164464

发票联　　开票日期：2018 年 01 月 17 日

<table>
<tr><td rowspan="4">购买方</td><td>名称：</td><td colspan="4">海南万泉河啤酒有限责任公司</td><td rowspan="4">密码区</td><td colspan="3" rowspan="4"></td></tr>
<tr><td>纳税人识别号：</td><td colspan="4">914600100089806666</td></tr>
<tr><td>地址、电话：</td><td colspan="4">海口市金盘大道 88 号 66819999</td></tr>
<tr><td>开户银行及账号：</td><td colspan="4">工行海口市金盘支行 589806688</td></tr>
<tr><td colspan="2">货物或应税劳务、服务名称</td><td>规格型号</td><td>单位</td><td colspan="2">数量</td><td>单价</td><td>金额</td><td>税率</td><td>税额</td></tr>
<tr><td colspan="2">HP1020 硒鼓
得力 A4 复印纸

合计</td><td></td><td>个
箱</td><td colspan="2">10
1</td><td>110.00
99.03</td><td>1,100.00
99.03

1,199.03</td><td>3%
3%</td><td>33.00
2.97

35.97</td></tr>
<tr><td colspan="2">价税合计（大写）</td><td colspan="8">⊗ 壹仟贰佰叁拾伍元整　　（小写）¥1,235.00</td></tr>
<tr><td rowspan="4">销售方</td><td>名称：</td><td colspan="4">海口世纪电脑经营部</td><td rowspan="4">备注</td><td colspan="3" rowspan="4">海口世纪电脑经营部
914601001983032028
发票专用章</td></tr>
<tr><td>纳税人识别号：</td><td colspan="4">914601001983032028</td></tr>
<tr><td>地址、电话：</td><td colspan="4">海口市南宝路 58 号 66893653</td></tr>
<tr><td>开户银行及账号：</td><td colspan="4">建行海口市南宝支行 56781254</td></tr>
</table>

第二联 发票联

收款人：　　复核：　　开票人：孙小红　　销售方：（章）

表 1—41

中国工商银行
转账支票存根

支票号码：089800211

科　　目＿＿＿＿＿＿

对方科目＿＿＿＿＿＿

出票日期 2018 年 1 月 18 日

收款人：海口世纪电脑经营部

金额：¥1,235.00

用途：购办公用品

备注：＿＿＿＿＿＿

单位主管　　会计

业务 1—18

表 1—42

委电

委托收款凭证（付款通知） 5 委托号码 第 号

委托日期 2018 年 1 月 15 日 付款期限：3 日

<table>
<tr><td rowspan="3">付款人</td><td>全 称</td><td colspan="3">海南万泉河啤酒有限责任公司</td><td rowspan="3">收款人</td><td>全 称</td><td colspan="3">海口市电信局金盘支局</td></tr>
<tr><td>账 号</td><td colspan="3">589806688</td><td>账 号</td><td colspan="3">256874585</td></tr>
<tr><td>开户银行</td><td colspan="3">工行海口市金盘支行</td><td>开户银行</td><td colspan="3">中行海南省分行金盘支行</td></tr>
<tr><td>托收金额</td><td colspan="7">人民币
（大写）叁仟贰佰壹拾捌元玖角整</td><td colspan="2">千 百 十 万 千 百 十 元 角 分
¥ 3 2 1 8 9 0</td></tr>
<tr><td>款项内容</td><td colspan="3">12 月份固定电话费</td><td colspan="2">委托收款凭据名称</td><td>发票</td><td>附寄单据张数</td><td colspan="2">1</td></tr>
<tr><td colspan="5">备注：
电划
（中国工商银行 海口市金盘支行 2018.01.18 转讫）</td><td colspan="5">付款人注意：
1. 根据结算办法，上列委托收款如在付款期限内未拒付时，即视同全部同意付款，以此联代付款通知。
2. 如需提前付款或多付款时，应另写书面通知送银行办理。
3. 如系全部或部分拒付，应在付款期限内另填拒绝付款理由书送银行办理。</td></tr>
</table>

此联是付款人开户行通知付款人按期承付通知

单位主管 会计 复核 记账 付款人开户银行收到日期 2018 年 1 月 18 日

表 1—43

海南增值税电子普通发票 发票代码：046001600111

（全国统一发票监制章 国家税务总局监制）

发票号码：05161027

开票日期：2018 年 01 月 15 日

机器编号：499099718261 校验码：11089 77158 78538 42610

<table>
<tr><td rowspan="4">购买方</td><td>名称：</td><td colspan="3">海南万泉河啤酒有限责任公司</td><td rowspan="4">密码区</td><td colspan="3" rowspan="4"></td></tr>
<tr><td>纳税人识别号：</td><td colspan="3">914600100089806666</td></tr>
<tr><td>地址、电话：</td><td colspan="3">海口市金盘大道 88 号 66819999</td></tr>
<tr><td>开户银行及账号：</td><td colspan="3">工行海口市金盘支行 589806688</td></tr>
<tr><td colspan="2">货物或应税劳务、服务名称</td><td>规格型号</td><td>单位</td><td>数量</td><td>单价</td><td>金额</td><td>税率</td><td>税额</td></tr>
<tr><td colspan="2">通信服务费

合计</td><td></td><td></td><td>1</td><td>3,218.90</td><td>3,218.90

3,218.90</td><td></td><td></td></tr>
<tr><td colspan="2">价税合计（大写）</td><td colspan="7">⊗ 叁仟贰佰壹拾捌元玖角整 （小写）¥3,218.90</td></tr>
<tr><td rowspan="4">销售方</td><td>名称：</td><td colspan="3">中国电信股份有限公司海南分公司</td><td rowspan="4">备注</td><td colspan="3" rowspan="4">（中国电信股份有限公司海南分公司 914600100671060098 发票专用章）</td></tr>
<tr><td>纳税人识别号：</td><td colspan="3">914600100671060098</td></tr>
<tr><td>地址、电话：</td><td colspan="3">海口市滨海东路 52 号 10000</td></tr>
<tr><td>开户银行及账号：</td><td colspan="3">工行海口市望海支行 22010201292211</td></tr>
</table>

收款人： 复核： 开票人：林小宣 销售方：（章）

业务 1—19

表 1—44

费用报销单

报销日期：2018 年 1 月 19 日　　　　附件：1 张

费用项目	类别	金额	总经理（签字）	王帆
餐费	招待费用	500.00		
			部门（签字）	刘波
	现金付讫		报销人（签字）	朱清
报销金额合计		¥500.00		
核实金额（大写）伍佰元整　　¥500.00				
借款金额：		应退金额：		应补金额：

财务经理：冯阳　　　　会计审核：张茜　　　　出纳：方荷

表 1—45

4600171320　　　　**海南增值税普通发票**　　　　№21182301

发票联　　　　开票日期：2018 年 01 月 17 日

购买方	名称：	海南万泉河啤酒有限责任公司			密码区		
	纳税人识别号：	914600100089806666					
	地址、电话：	海口市金盘大道 88 号 66819999					
	开户银行及账号：	工行海口市金盘支行 589806688					

货物或应税劳务、服务名称	规格型号	单位	数量	单价	金额	税率	税额
餐费			1	485.44	485.44	3%	14.56
合计					485.44		14.56
价税合计（大写）	⊗ 伍佰元整				（小写）¥500.00		

销售方	名称：	海口新鱿海鲜酒店	备注	海口新鱿海鲜酒店 914600100089003478 发票专用章
	纳税人识别号：	914600100089003478		
	地址、电话：	海口市板桥路 2 号 56378954		
	开户银行及账号：	交行海口市龙昆南支行 0024546788		

收款人：　　　　复核：　　　　开票人：李雪　　　　销售方：（章）

第二联　发票联

业务 1—20

表 1—46

费用报销单

报销日期：2018 年 1 月 21 日　　附件：1 张

费用项目	类别	金额	总经理（签字）	王帆
购印花税票	印花税费	500.00		
			部门（签字）	冯阳
	现金付讫		报销人（签字）	方荷
报销金额合计		¥500.00		
核实金额（大写）伍佰元整　¥500.00				
借款金额：		应退金额：		应补金额：

财务经理：冯阳　　会计审核：张茜　　出纳：方荷

表 1—47

中华人民共和国
印花税票销售凭证　　（2018）琼地印电 00027790 号

填发日期：2018 年 1 月 20 日

购买单位	海南万泉河啤酒有限责任公司		购票人		
购买印花税票					
面值种类	数量	金额	面值种类	数量	金额
壹元票	40	40	拾元票	20	200
贰元票	30	60	伍拾元票		
伍元票	40	200	壹佰元票		
总计	¥500.00				
金额总计（大写）：佰　拾　万　⊗仟伍佰零拾零元零角零分					
销售单位	售票人 杜娟		备注		

第二联收据购票单位作报销凭证

海南省海口市地方税务局 征税专用章

业务 1—21

表 1—48

费用报销单

报销日期：2018 年 1 月 21 日　　　　附件：1 张

费用项目	类别	金额		
行政部两辆汽车 2018 年车船税	车船税	720.00	总经理（签字）	王帆
			部门（签字）	刘波
	现金付讫			
			报销人（签字）	朱清
报销金额合计		¥ 720.00		
核实金额（大写）柒佰贰拾元整　　¥ 720.00				
借款金额：		应退金额：		应补金额：

财务经理：冯阳　　　　会计审核：张茜　　　　出纳：方荷

表 1—49

中华人民共和国
税收通用完税证

注册类型：有限责任公司　　　　填发日期 2018 年 1 月 20 日　　　　征收机关：海口地税建安分局一所

缴款人代码	琼 A32431，琼 A57891			地址		
缴款人全称	海南万泉河啤酒有限责任公司			税款所属期限	2018 年 01 月 01 日 –2018 年 12 月 31 日	
税种	品目名称	课税数量	计税金额或销售收入	税率或单位税额	已缴或扣除额	实缴金额
车船税	小型客车	2		¥ 360.00		¥ 720.00
	合　计					¥ 720.00
教育费附加	按消费税、增值税税额计征　　%					
城市维护建设税	按消费税、增值税税额计征　　%					
滞纳金	逾期 0 天，每天按滞纳税款加收　　0.5‰					
合计（大写）	柒佰贰拾元整					¥ 720.00
税务机关（盖章）	委托代征单位（盖章）		填票人（章）018005007 李文	备注	备注：正常申报	

第二联收据交纳税人作完税凭证

业务 1—22

表 1—50　　付款（用款）申请单

日期：2018 年 1 月 28 日　　附件：1 张

收款单位名称	海南中安石油公司				
开　户　行	中行海南省营业部		账号	01030020097	
收 款 地 址	海口市		付款方式	转账支票	
申请付款金额	（人民币大写）壹仟柒佰玖拾柒元整　　¥ 1,797.00				
款 项 用 途	支付本月行政部两辆汽车（琼 A32431，琼 A57891）汽油费 300 升，合计 1,797.00 元				
总经理	王帆	部门负责人	刘波	经办人	李伟

财务经理：冯阳　　会计审核：张茜　　出纳：方荷

表 1—51

海南省国家税务局通用机打发票

发　票　联

发票代码：146001741402

发票号码：00123879

购货方名称：海南万泉河啤酒有限责任公司

购买方税号：914600100089806666

发票代码：146001741402

发票号码：00123879

校验码：2286 4851 1530 1855 6480

开票日期：2018 年 1 月 25 日　　开票人：韩芳

商品名称	单价	数量	金额
93# 汽油	5.99	300	1,797.00

合计（小写）：¥ 1,797.00

合计（大写）：壹仟柒佰玖拾柒元整

销售方名称：海南中安石油公司

销售方税号：914600100089784298

（印章：海南中安石油公司 914600100089784298 发票专用章）

表 1—52

中国工商银行
转账支票存根

支票号码：089800220

科　　目__________

对方科目__________

出票日期 2018 年 1 月 28 日

收款人：海南中安石油公司

金额：¥ 1,797.00

用途：付汽油费

备注：

单位主管　　　　会计

业务 1—23

表 1—53

付款（用款）申请单

日期：2018 年 1 月 30 日　　　　附件：1 张

收款单位名称	海南成信会计师事务所				
开　户　行	建行海口市国贸支行		账　号	2045006888779	
收 款 地 址	海口市		付款方式	转账支票	
申请付款金额	（人民币大写）贰万陆仟叁佰元整　　¥ 26,300.00				
款 项 用 途	支付公司注册资本增资验资费 26,300.00 元				
总经理	王帆	部门负责人	冯阳	经办人	刘悦

财务经理：冯阳　　　　会计审核：张茜　　　　出纳：方荷

表 1—54

4600171320　　**海南增值税普通发票**　　No57489320

发　票　联　　开票日期：2018 年 1 月 30 日

<table>
<tr><td rowspan="4">购买方</td><td>名称：</td><td colspan="3">海南万泉河啤酒有限责任公司</td><td rowspan="4">密码区</td><td colspan="3" rowspan="4"></td></tr>
<tr><td>纳税人识别号：</td><td colspan="3">914600100089806666</td></tr>
<tr><td>地址、电话：</td><td colspan="3">海口市金盘大道 88 号 66819999</td></tr>
<tr><td>开户银行及账号：</td><td colspan="3">工行海口市金盘支行 589806688</td></tr>
<tr><td colspan="2">货物或应税劳务、服务名称</td><td>规格型号</td><td>单位</td><td>数量</td><td>单价</td><td>金额</td><td>税率</td><td>税额</td></tr>
<tr><td colspan="2">验资费</td><td></td><td>项</td><td>1</td><td>25,533.98</td><td>25,533.98</td><td>3%</td><td>766.02</td></tr>
<tr><td colspan="2">合计</td><td></td><td></td><td></td><td></td><td>25,533.98</td><td></td><td>766.02</td></tr>
<tr><td colspan="2">价税合计（大写）</td><td colspan="4">⊗ 贰万陆仟叁佰元整</td><td colspan="3">（小写）¥ 26,300.00</td></tr>
<tr><td rowspan="4">销售方</td><td>名称：</td><td colspan="3">海南成信会计师事务所</td><td rowspan="4">备注</td><td colspan="3" rowspan="4">海南成信会计师事务所
914600106522645375
发票专用章</td></tr>
<tr><td>纳税人识别号：</td><td colspan="3">914600106522645375</td></tr>
<tr><td>地址、电话：</td><td colspan="3">海口市国贸路 12 号 31859430</td></tr>
<tr><td>开户银行及账号：</td><td colspan="3">建行海口市国贸支行 2045006888779</td></tr>
</table>

第二联 发票联

收款人：　　复核：　　开票人：于方　　销售方：（章）

表 1—55

中国工商银行
转账支票存根

支票号码：089800222

科　　目 ______

对方科目 ______

出票日期 2018 年 1 月 30 日

收款人：海南成信会计师事务所

金额：¥ 26,300.00

用途：验资费用

备注：______

单位主管　　会计

项目 2　筹集资金的核算

单项实训

一、企业会计核算规定

1. 接受投资

接受投资时，按照实际收到的货币资金或按照投资合同（协议）约定的价值确定资产的入账价值，投资合同或协议约定价值不公允的除外。

2. 借款

短期借款的利息，按季结算，分月预提，季末支付。长期借款利息，按月计提分配。属于与购建固定资产有关的，在固定资产达到预计可使用状态前，计入固定资产成本。

二、实训任务

要求：根据下列各项业务的具体资料，编制会计凭证，见表 2—1 至表 2—5。

业务 2—1

表 2—1

股权投资协议

投资方：海南第一创投公司

被投资方：海南万泉河啤酒有限责任公司

投资方与被投资方经过充分协商，在平等自愿的基础上，投资方海南第一创投公司以人民币资金 2,200 万元出资，获取海南万泉河啤酒有限责任公司注册资本 2,000 万元。

甲方：海南第一创投公司
法定代表人：洪涛
签约日期：2018 年 1 月 20 日

乙方：海南万泉河啤酒有限责任公司
法定代表人：李华
签约日期：2018 年 1 月 20 日

表 2—2

中国工商银行　**进账单**（收账通知）　3　№ 7654547

2018 年 1 月 21 日　第　号

付款人	全称	海南第一创投公司	收款人	全称	海南万泉河啤酒有限责任公司	此联是出票人开户银行交给收款人的收账通知
	账号	52083672781736		账号	589806688	
	开户银行	中行海南省分行营业部		开户银行	工行海口市金盘支行	
人民币（大写）贰仟贰佰万元整			千 百 十 万 千 百 十 元 角 分	2 2 0 0 0 0 0 0 0 0		
票据种类	转账支票					
票据张数	1					
单位主管　会计　复核　记账			收款人开户行盖章			

中国工商银行 海口市金盘支行 2018.01.21 转讫

业务 2—2

表 2—3

流动资金借款申请书

2018 年 1 月 25 日

企业名称：海南万泉河啤酒有限责任公司

申请借款金额	500,000 元
借款用途	流动资金周转需要
借款期限	6 个月
还款资金来源	销货款
申请企业：海南万泉河啤酒有限责任公司	负责人：李华
经办行审批意见：同意借款，利息按季支付，年利率为 4.86%。	

中国工商银行 业务专用章 海口市金盘支行

表 2—4

中国工商银行　进账单（收账通知）　3　№ 3672289

2018 年 1 月 31 日　第　号

<table>
<tr><td rowspan="3">付款人</td><td>全称</td><td>工行海口市金盘支行</td><td rowspan="3">收款人</td><td>全称</td><td colspan="10">海南万泉河啤酒有限责任公司</td><td rowspan="9">此联是出票人开户银行交给收款人的收账通知</td></tr>
<tr><td>账号</td><td>28555481</td><td>账号</td><td colspan="10">589806688</td></tr>
<tr><td>开户银行</td><td>工行海口市金盘支行</td><td>开户银行</td><td colspan="10">工行海口市金盘支行</td></tr>
<tr><td colspan="5" rowspan="2">人民币
（大写）伍拾万元整</td><td>千</td><td>百</td><td>十</td><td>万</td><td>千</td><td>百</td><td>十</td><td>元</td><td>角</td><td>分</td></tr>
<tr><td></td><td>¥</td><td>5</td><td>0</td><td>0</td><td>0</td><td>0</td><td>0</td><td>0</td><td>0</td></tr>
<tr><td>票据种类</td><td colspan="3"></td><td colspan="11" rowspan="4">收款人开户行盖章</td></tr>
<tr><td>票据张数</td><td colspan="3"></td></tr>
<tr><td colspan="4">中国工商银行
海口市金盘支行
2018.01.31
转讫</td></tr>
<tr><td colspan="4">单位主管　　会计　　复核　　记账</td></tr>
</table>

业务 2—3

表 2—5

借款利息计算表

年　月　　　　单位：元

编号	借款本金	借款期限	年利率	每月应计利息
合计				

复核：　　　　制表人：　　　　制表日期：

项目 3 生产准备——非流动资产的核算

单项实训

一、企业会计核算规定

1. 资产计价按历史成本确认。
2. 固定资产折旧方法按年限平均法分类计提。
3. 无形资产摊销方法采用直线法。

二、实训任务

要求：根据下列各项业务的具体资料，编制会计凭证，见表 3—1 至表 3—39。

业务 3—1

表 3—1 付款（用款）申请单

日期：2018 年 1 月 2 日

收款单位名称	广东金达科技有限公司				
开　户　行	工行广州市粤秀支行	账号	200231630		
收 款 地 址	广州市	付款方式	电汇		
申请付款金额	（人民币大写）贰万壹仟贰佰元整　　¥ 21,200.00				
款 项 用 途	购入无菌冷灌装技术专利权（预计使用 20 年）				
总经理	王帆	部门负责人	刘波	经办人	李伟

财务经理：冯阳　　会计审核：张茜　　出纳：方荷

表 3—2

4401171130　　　　广东增值税专用发票　　　　№04211651

发　票　联　　　　开票日期：2018 年 01 月 05 日

购买方	名称：	海南万泉河啤酒有限责任公司		密码区			
	纳税人识别号：	914600100089806666					
	地址、电话：	海口市金盘大道 88 号 66819999					
	开户银行及账号：	工行海口市金盘支行 589806688					
货物或应税劳务、服务名称	规格型号	单位	数量	单价	金额	税率	税额
无菌冷罐装技术专利权		项	1	20,000.00	20,000.00	6%	1,200.00
合计					20,000.00		1,200.00
价税合计（大写）	⊗ 贰万壹仟贰佰元整				（小写）￥21,200.00		
销售方	名称：	广东金达科技有限公司		备注	广东金达科技有限公司 914402402021679933 发票专用章		
	纳税人识别号：	914402402021679933					
	地址、电话：	广州市粤秀路 25 号 66819999					
	开户银行及账号：	工行广州市粤秀支行 200231630					

收款人：陈风　　复核：　　开票人：李玉　　销售方：（章）

第二联　发票联

表 3—3

中国工商银行　**电汇凭证**（回单）　　1　　NO：0288930

委托日期 2018 年 1 月 2 日　　第　号

汇款人	全称	海南万泉河啤酒有限责任公司			收款人	全称	广东金达科技有限公司		
	账号或住址	589806688				账号或住址	200231630		
	汇出地点	海口市	汇出行名称	工行海口市金盘支行		汇入地点	广州市	汇入行名称	工行广州市粤秀支行

金额	人民币（大写）贰万壹仟贰佰元整	千	百	十	万	千	百	十	元	角	分
				￥	2	1	2	0	0	0	0

汇款用途：购专利权

上列款项已根据委托办理，如需查询，请持此回单来行面洽。

中国工商银行 海口市金盘支行 2018.01.02 转讫

（汇出行盖章）

单位主管　　会计　　复核　　记账　　　　年　　月　　日

此联是汇出行给汇款人的回单

业务 3—2

表 3—4

付款（用款）申请单

日期：2018 年 1 月 3 日

收款单位名称	海口四方电脑公司				
开　户　行	交行海口市大同路支行	账号	24098897		
收 款 地 址	海口市	付款方式	转账支票		
申请付款金额	（人民币大写）叁万贰仟捌佰伍拾叁元陆角整　　¥ 32,853.60				
款 项 用 途	购 HP 笔记本电脑 4 台				
总经理	王帆	部门负责人	刘波	经办人	李伟

财务经理：冯阳　　会计审核：张茜　　出纳：方荷

表 3—5

4600171130　　**海南增值税专用发票**　　No04211651

发　票　联

开票日期：2018 年 01 月 05 日

购买方	名称：	海南万泉河啤酒有限责任公司			密码区			
	纳税人识别号：	914600100089806666						
	地址、电话：	海口市金盘大道 88 号 66819999						
	开户银行及账号：	工行海口市金盘支行 589806688						
货物或应税劳务名称		规格型号	单位	数量	单价	金额	税率	税额
HP 笔记本电脑			台	4	7,020.00	28,080.00	17%	4,773.60
合计						28,080.00		4,773.60
价税合计（大写）		⊗ 叁万贰仟捌佰伍拾叁元陆角整　　（小写）¥ 32,853.60						
销售方	名称：	海口市四方电脑公司			备注			
	纳税人识别号：	914600100089876528						
	地址、电话：	海口市海秀路 58 号 66893653						
	开户银行及账号：	交行海口市大同路支行 24098897						

第二联　发票联

收款人：陈风　　复核：　　开票人：李玉　　销售方：（章）

表 3—6

中国工商银行
转账支票存根

支票号码：089800202
科　　目____________
对方科目____________
出票日期 2018 年 1 月 5 日

收款人：海口市四方电脑公司
金额：￥32,853.60
用途：购 HP 笔记本
备注：

单位主管　　　　会计

表 3—7　　**固定资产交接（验收）单**

2018 年 1 月 5 日

<table>
<tr><td>固定资产编号</td><td>名称</td><td>规格</td><td>型号</td><td>计量单位</td><td>数量</td><td>建造单位</td><td>建造编号</td><td>资金来源</td><td>附属技术资料</td></tr>
<tr><td></td><td>笔记本电脑</td><td>HP</td><td></td><td>台</td><td>4</td><td></td><td></td><td>自有</td><td></td></tr>
<tr><td rowspan="2">总价（净值）</td><td>土建工程费</td><td>设备费</td><td>安装费</td><td>运杂费</td><td>包装费</td><td>其他</td><td>合计</td><td>预计年限</td><td>净残值率</td></tr>
<tr><td></td><td>28,080.00</td><td></td><td></td><td></td><td></td><td>28,080.00</td><td>5</td><td>5%</td></tr>
<tr><td colspan="6">办公设备</td><td>原值</td><td>28,080.00</td><td>已提折旧</td><td></td></tr>
<tr><td>验收意见</td><td colspan="2">合格，交管理部门使用</td><td>验收人签章</td><td>王忆</td><td colspan="2">保管使用人签章</td><td colspan="3">张雨</td></tr>
</table>

业务 3—3

表 3—8　　**付款（用款）申请单**

日期：2018 年 1 月 6 日

<table>
<tr><td>收款单位名称</td><td colspan="5">海口大鼎建筑有限公司</td></tr>
<tr><td>开　户　行</td><td>工行海口市秀英支行</td><td>账号</td><td colspan="3">024510588</td></tr>
<tr><td>收 款 地 址</td><td>海口市</td><td>付款方式</td><td colspan="3">转账支票</td></tr>
<tr><td>申请付款金额</td><td colspan="5">（人民币大写）贰万元整　　　￥20,000.00</td></tr>
<tr><td>款 项 用 途</td><td colspan="5">预付工程进度款（出包方式建造电动车棚）</td></tr>
<tr><td>总经理</td><td>王帆</td><td>部门负责人</td><td>刘波</td><td>经办人</td><td>李伟</td></tr>
</table>

财务经理：冯阳　　　　会计审核：张茜　　　　出纳：方荷

表 3—9

中国工商银行
转账支票存根

支票号码：089800203
科　　目＿＿＿＿＿＿＿＿
对方科目＿＿＿＿＿＿＿＿
出票日期 2018 年 1 月 6 日

收款人：大鼎建筑公司
金额：¥ 20,000.00
用途：预付工程进度款
备注：＿＿＿＿＿＿＿＿

单位主管　　会计

业务 3—4

表 3—10

付款（用款）申请单

日期：2018 年 1 月 7 日

收款单位名称	海南省土地储备整理交易中心				
开　户　行	工行海口市和平南路支行	账号	026410345		
收 款 地 址	海口市	付款方式	转账支票		
申请付款金额	（人民币大写）肆拾万元整　¥ 400,000.00				
款 项 用 途	土地交易竞拍保证金				
总经理	王帆	部门负责人	刘波	经办人	李伟

财务经理：冯阳　　会计审核：张茜　　出纳：方荷

表 3—11

中国工商银行
转账支票存根

支票号码：089800204
科　　目＿＿＿＿＿＿＿＿
对方科目＿＿＿＿＿＿＿＿
出票日期 2018 年 1 月 7 日

收款人：省土地交易中心
金额：¥400,000.00
用途：付竞拍土地保证金
备注：＿＿＿＿＿＿＿＿

单位主管　　会计

表 3—12

收款收据

2018 年 1 月 7 日　　　　№36475451

交款单位（或个人）	海南万泉河啤酒有限责任公司	交款方式	转账	金额								备注
				十	万	千	百	十	元	角	分	
人民币合计（大写）	肆拾万元整			4	0	0	0	0	0	0	0	
交款事由	土地竞拍保证金											

第三联 收款依据联

海南省土地储备整理交易中心 12460100089884726X 发票专用章

收款单位　　主管　　会计　　出纳

业务 3—5

表 3—13

付款（用款）申请单

日期：2018 年 1 月 10 日

收款单位名称	南京市机电设备有限责任公司				
开　户　行	建行南京市玄武支行	账号	38756484		
收　款　地　址	南京市	付款方式	电汇		
申请付款金额	（人民币大写）贰佰玖拾伍万壹仟玖佰柒拾叁元整　¥ 2,951,973.00				
款　项　用　途	灌装二车间购入需要安装的自动生产线一条				
总经理	王帆	部门负责人	刘波	经办人	李伟

财务经理：冯阳　　会计审核：张茜　　出纳：方荷

表 3—14

3201171130

江苏增值税专用发票

№04211651

发　票　联

开票日期：2018 年 01 月 05 日

购买方	名称：	海南万泉河啤酒有限责任公司		密码区			
	纳税人识别号：	914600100089806666					
	地址、电话：	海口市金盘大道 88 号 66819999					
	开户银行及账号：	工行海口市金盘支行 589806688					
货物或应税劳务、服务名称	规格型号	单位	数量	单价	金额	税率	税额
自动生产线		条	1	2,500,000.00	2,500,000.00	17%	425,000.00
合计					2,500,000.00		425,000.00
价税合计（大写）	⊗ 贰佰玖拾贰万伍仟元整				（小写）¥ 2,925,000.00		
销售方	名称：	南京市机电设备有限责任公司		备注			
	纳税人识别号：	913201349089802876					
	地址、电话：	南京市玄武湖路 18 号 60096783					
	开户银行及账号：	建行南京市玄武支行 38756484					

第二联 发票联

南京市机电设备有限责任公司 913201349089802876 发票专用章

收款人：吴昊　　复核：蔡明　　开票人：李海　　销售方：（章）

表 3—15

3201171130 江苏增值税专用发票 №05645798

发 票 联

开票日期：2018 年 01 月 06 日

购买方	名称：	海南万泉河啤酒有限责任公司			密码区			
	纳税人识别号：	914600100089806666						
	地址、电话：	海口市金盘大道 88 号 66819999						
	开户银行及账号：	工行海口市金盘支行 589806688						
货物或应税劳务、服务名称		规格型号	单位	数量	单价	金额	税率	税额
运输费				1	24,300.00	24,300.00	11%	2,673.00
合计						24,300.00		2,673.00
价税合计（大写）		⊗ 贰万陆仟玖佰柒拾叁元整				（小写）¥26,973.00		
销售方	名称：	南京市货运公司			备注			
	纳税人识别号：	913201100089804674						
	地址、电话：	南京市玄武湖路 16 号 60096966						
	开户银行及账号：	建行南京市玄武支行 38756896						

第二联 发票联

收款人：孙力 复核人：李强 开票人：江淼 销售方：（章）

（印章：南京市货运公司 913201100089804674 发票专用章）

表 3—16

中国工商银行 **电汇凭证**（回单） 1 NO：0288934

委托日期 2018 年 1 月 10 日 第 号

汇款人	全称	海南万泉河啤酒有限责任公司			收款人	全称	南京市机电设备有限责任公司		
	账号或住址	589806688				账号或住址	38756484		
	汇出地点	海口市	汇出行名称	工行海口市金盘支行		汇入地点	南京市	汇入行名称	建行南京市玄武支行

金额	人民币（大写）贰佰玖拾伍万壹仟玖佰柒拾叁元整	千	百	十	万	千	百	十	元	角	分
		¥	2	9	5	1	9	7	3	0	0

汇款用途：购生产线

上列款项已根据委托办理，如需查询，请持此回单来行面洽。

（汇出行盖章）

（印章：中国工商银行 海口市金盘支行 2018.01.10 转讫）

单位主管 会计 复核 记账 年 月 日

此联是汇出行给汇款人的回单

业务 3—6

表 3—17

付款（用款）申请单

日期：2018 年 1 月 12 日　　　　附件：1 张

收款单位名称	海口华兴安装有限公司				
开　户　行	工行海口市秀英支行	账号	026410789		
收 款 地 址	海口市	付款方式	转账支票		
申请付款金额	（人民币大写）壹万伍仟元整　　¥ 15,000.00				
款 项 用 途	支付灌装二车间生产线安装费（预付 50%，待安装完成后再付另 50%）				
总经理	王帆	部门负责人	刘波	经办人	李伟

财务经理：冯阳　　　　会计审核：张茜　　　　出纳：方荷

表 3—18

4600171320　　**海南增值税普通发票**　　No2048530

发　票　联　　　　开票日期：2018 年 01 月 12 日

购买方	名称：	海南万泉河啤酒有限责任公司	密码区	
	纳税人识别号：	914600100089806666		
	地址、电话：	海口市金盘大道 88 号 66819999		
	开户银行及账号：	工行海口市金盘支行 589806688		

货物或应税劳务、服务名称	规格型号	单位	数量	单价	金额	税率	税额
安装费			1	14,563.11	14,563.11	3%	436.89
合计					14,563.11		436.89
价税合计（大写）	⊗ 壹万伍仟元整				（小写）¥ 15,000.00		

销售方	名称：	海口华兴安装有限公司	备注	海口华兴安装有限公司 914600100089832421 发票专用章
	纳税人识别号：	914600100089832421		
	地址、电话：	海口市海秀路 70 号 6689755		
	开户银行及账号：	工行海口市秀英支行 026410789		

第二联　发票联

收款人：陈风　　　复核：王华　　　开票人：冷梅　　　销售方：（章）

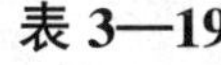

表 3—19

中国工商银行
转账支票存根

支票号码：089800208
科　　目________________
对方科目________________
出票日期 2018 年 1 月 12 日

收款人：海口华兴安装公司
金额：¥ 15,000.00
用途：生产线安装费
备注：________________

单位主管　　　　会计

业务 3—7

表 3—20

付款（用款）申请单

日期：2018 年 1 月 13 日　　　　附件：1 张

收款单位名称	海口大鼎建筑有限公司				
开　户　行	工行海口市秀英支行	账号	024510588		
收　款　地　址	海口市	付款方式	转账支票		
申请付款金额	（人民币大写）贰万元整　　¥ 20,000.00				
款　项　用　途	补付工程款（出包方式建造电动车棚）				
总经理	王帆	部门负责人	刘波	经办人	李伟

财务经理：冯阳　　　　会计审核：张茜　　　　出纳：方荷

表 3—21

4600171320 海南增值税普通发票 №2048679

发 票 联 开票日期：2018 年 01 月 12 日

<table>
<tr><td rowspan="4">购买方</td><td>名称：</td><td colspan="4">海南万泉河啤酒有限责任公司</td><td rowspan="4">密码区</td><td colspan="3" rowspan="4"></td></tr>
<tr><td>纳税人识别号：</td><td colspan="4">914600100089806666</td></tr>
<tr><td>地址、电话：</td><td colspan="4">海口市金盘大道 88 号 66819999</td></tr>
<tr><td>开户银行及账号：</td><td colspan="4">工行海口市金盘支行 589806688</td></tr>
<tr><td colspan="2">货物或应税劳务、服务名称</td><td>规格型号</td><td>单位</td><td>数量</td><td>单价</td><td colspan="2">金额</td><td>税率</td><td>税额</td></tr>
<tr><td colspan="2">安装费</td><td></td><td></td><td></td><td></td><td colspan="2">38,834.95</td><td>3%</td><td>1,165.05</td></tr>
<tr><td colspan="2">合计</td><td></td><td></td><td></td><td></td><td colspan="2">38,834.95</td><td></td><td>1,165.05</td></tr>
<tr><td colspan="2">价税合计（大写）</td><td colspan="8">⊗ 肆万元整 （小写）￥40,000.00</td></tr>
<tr><td rowspan="4">销售方</td><td>名称：</td><td colspan="4">海口大鼎建筑有限公司</td><td rowspan="4">备注</td><td colspan="3" rowspan="4"></td></tr>
<tr><td>纳税人识别号：</td><td colspan="4">914601100089801890</td></tr>
<tr><td>地址、电话：</td><td colspan="4">海口市海盛路 30 号 66846551</td></tr>
<tr><td>开户银行及账号：</td><td colspan="4">工行海口市秀英支行 024510588</td></tr>
</table>

第二联 发票联

收款人：陈风 复核：李敏 开票人：陈晓 销售方：（章）

表 3—22

中国工商银行
转账支票存根

支票号码：089800209

科　目________

对方科目________

出票日期 2018 年 1 月 13 日

收款人：大鼎建筑公司

金额：￥20,000.00

用途：补付工程款

备注：

单位主管　　会计

表 3—23

固定资产交接（验收）单

2018 年 1 月 13 日

固定资产编号	名称	规格	型号	计量单位	数量	建造单位	建造编号	资金来源	附属技术资料
	电动车棚			座	1	海口大鼎建筑公司		自有	
总价（净值）	土建工程费	设备费	安装费	运杂费	包装费	其他	合计	预计年限	净残值率
	40,000.00						40,000.00	15	5%
房屋建筑物						原值	40,000.00	已提折旧	
验收意见	合格，交管理部门使用		验收人签章	王忆		保管使用人签章		张雨	

业务 3—8

表 3—24

费用报销单

报销日期：2018 年 1 月 15 日　　　　附件：1 张

费用项目	类别	金额	总经理（签字）	王帆
销售部车辆维修费用	修理费	936.00		
			部门（签字）	刘波
	现金付讫			
			报销人（签字）	李伟
报销金额合计		¥936.00		
核实金额（大写）玖佰叁拾陆元整	¥936.00			
借款金额：	应退金额：	应补金额：		

财务经理：冯阳　　　　会计审核：张茜　　　　出纳：方荷

表 3—25

4600171130　　海南增值税专用发票　　№5712846

发　票　联　　开票日期：2018 年 1 月 15 日

购买方	名称：	海南万泉河啤酒有限责任公司			密码区			
	纳税人识别号：	914600100089806666						
	地址、电话：	海口市金盘大道 88 号 66819999						
	开户银行及账号：	工行海口市金盘支行 589806688						
货物或应税劳务、服务名称		规格型号	单位	数量	单价	金额	税率	税额
维修费			次	1	800.00	800.00	17%	136.00
合计						800.00		136.00
价税合计（大写）		⊗ 玖佰叁拾陆元整			（小写）￥936.00			
销售方	名称：	海口安杰汽车检测维修服务有限公司			备注			
	纳税人识别号：	914600100089867451						
	地址、电话：	海口市海甸五西路 10 号 68145786						
	开户银行及账号：	工行海口市海甸五西路支行 589829587						

收款人：何明　　复核：王梅　　开票人：方涛　　销售方：（章）

第二联 发票联

业务 3—9

表 3—26　　**付款（用款）申请单**

日期：2018 年 1 月 16 日

收款单位名称	南京市机电设备有限责任公司				
开　户　行	建行南京市玄武支行	账号	38756484		
收 款 地 址	南京市	付款方式	电汇		
申请付款金额	（人民币大写）贰拾肆万柒仟零玖元贰角整　　￥247,009.20				
款 项 用 途	购发电设备				
总经理	王帆	部门负责人	刘波	经办人	李伟

财务经理：冯阳　　会计审核：张茜　　出纳：方荷

表 3—27

委电

委托收款凭证（付款通知） 5

委收号码 第 号

委托日期：2018 年 1 月 13 日　　　付款期限：3 日

<table>
<tr><td rowspan="3">付款人</td><td>全称</td><td colspan="4">海南万泉河啤酒有限责任公司</td><td rowspan="3">收款人</td><td>全称</td><td colspan="10">南京市机电设备有限责任公司</td><td rowspan="6">此联是付款人开户行通知付款人按期承付通知</td></tr>
<tr><td>账号</td><td colspan="4">589806688</td><td>账号</td><td colspan="10">38756484</td></tr>
<tr><td>开户银行</td><td colspan="4">工行海口市金盘支行</td><td>开户银行</td><td colspan="10">建行南京市玄武支行</td></tr>
<tr><td rowspan="2">托收金额</td><td colspan="7" rowspan="2">人民币
（大写）贰拾肆万柒仟零玖元贰角整</td><td>千</td><td>百</td><td>十</td><td>万</td><td>千</td><td>百</td><td>十</td><td>元</td><td>角</td><td>分</td></tr>
<tr><td></td><td>¥</td><td>2</td><td>4</td><td>7</td><td>0</td><td>0</td><td>9</td><td>2</td><td>0</td></tr>
<tr><td>款项内容</td><td colspan="2">购发电设备</td><td>委托收款凭证名称</td><td colspan="3">发票</td><td colspan="4">附寄单据张数</td><td colspan="7">3</td></tr>
<tr><td colspan="3">备注：
电划
中国工商银行
海口市金盘支行
2018.01.16
转讫</td><td colspan="16">付款人注意：
1. 根据结算办法，上列委托收款如在付款期限内未拒付时，即视同全部同意付款，以此联代付款通知。
2. 如需提前付款或多付款时，应另写书面通知送银行办理。
3. 如系全部或部分拒付，应在付款期限内另填拒绝付款理由书送银行办理。</td></tr>
</table>

单位主管　　会计　　复核　　记账　　付款人开户银行收到日期 2018 年 1 月 16 日

表 3—28

3201171130

江苏增值税专用发票

№0421658

（全国统一发票监制章 江苏 国家税务总局监制）

发 票 联

开票日期：2018 年 1 月 13 日

<table>
<tr><td rowspan="4">购买方</td><td>名称：</td><td colspan="3">海南万泉河啤酒有限责任公司</td><td rowspan="4">密码区</td><td colspan="3" rowspan="4"></td><td rowspan="9">第二联 发票联</td></tr>
<tr><td>纳税人识别号：</td><td colspan="3">914600100089806666</td></tr>
<tr><td>地址、电话：</td><td colspan="3">海口市金盘大道 88 号 66819999</td></tr>
<tr><td>开户银行及账号：</td><td colspan="3">工行海口市金盘支行 589806688</td></tr>
<tr><td colspan="2">货物或应税劳务、服务名称</td><td>规格型号</td><td>单位</td><td>数量</td><td>单价</td><td>金额</td><td>税率</td><td>税额</td></tr>
<tr><td colspan="2">发电设备</td><td>TP-200000KW</td><td>台</td><td>2</td><td>100,000.00</td><td>200,000.00</td><td>17%</td><td>34,000.00</td></tr>
<tr><td colspan="2">合计</td><td></td><td></td><td></td><td></td><td>200,000.00</td><td></td><td>34,000.00</td></tr>
<tr><td colspan="2">价税合计（大写）</td><td colspan="7">⊗ 贰拾叁万肆仟元整　　（小写）¥ 234,000.00</td></tr>
<tr><td rowspan="4">销售方</td><td>名称：</td><td colspan="3">南京市机电设备有限责任公司</td><td rowspan="4">备注</td><td colspan="3" rowspan="4">南京市机电设备有限责任公司
913201349089802876
发票专用章</td></tr>
<tr><td>纳税人识别号：</td><td colspan="3">913201349089802876</td></tr>
<tr><td>地址、电话：</td><td colspan="3">南京市玄武湖路 18 号 60096783</td></tr>
<tr><td>开户银行及账号：</td><td colspan="3">建行南京市玄武支行 38756484</td></tr>
</table>

收款人：李芳　　复核人：　　开票人：李丽　　销售方：（章）

表 3—29

3201171130　　江苏增值税专用发票　　№05645021

发　票　联　　开票日期：2018 年 01 月 10 日

<table>
<tr><td rowspan="4">购买方</td><td>名称：</td><td colspan="4">海南万泉河啤酒有限责任公司</td><td rowspan="4">密码区</td><td colspan="3" rowspan="4"></td></tr>
<tr><td>纳税人识别号：</td><td colspan="4">914600100089806666</td></tr>
<tr><td>地址、电话：</td><td colspan="4">海口市金盘大道 88 号 66819999</td></tr>
<tr><td>开户银行及账号：</td><td colspan="4">工行海口市金盘支行 589806688</td></tr>
<tr><td colspan="2">货物或应税劳务、服务名称</td><td>规格型号</td><td>单位</td><td>数量</td><td>单价</td><td colspan="2">金额</td><td>税率</td><td>税额</td></tr>
<tr><td colspan="2">运输费</td><td></td><td></td><td></td><td></td><td colspan="2">11,720.00</td><td>11%</td><td>1,289.20</td></tr>
<tr><td colspan="2">合计</td><td></td><td></td><td></td><td></td><td colspan="2">11,720.00</td><td></td><td>1,289.20</td></tr>
<tr><td colspan="2">价税合计（大写）</td><td colspan="5">⊗ 壹万叁仟零玖元贰角整</td><td colspan="3">（小写）¥13,009.20</td></tr>
<tr><td rowspan="4">销售方</td><td>名称：</td><td colspan="4">南京市货运公司</td><td rowspan="4">备注</td><td colspan="3" rowspan="4"></td></tr>
<tr><td>纳税人识别号：</td><td colspan="4">913201100089804674</td></tr>
<tr><td>地址、电话：</td><td colspan="4">南京市玄武湖路 16 号 60096966</td></tr>
<tr><td>开户银行及账号：</td><td colspan="4">建行南京市玄武支行 38756896</td></tr>
</table>

第二联　发票联

收款人：孙力　　复核人：李强　　开票人：江森　　销售方：（章）

表 3—30

固定资产交接（验收）单

2018 年 1 月 16 日

<table>
<tr><td>固定资产编号</td><td>名称</td><td>规格</td><td>型号</td><td>计量单位</td><td>数量</td><td>建造单位</td><td>建造编号</td><td>资金来源</td><td>附属技术资料</td></tr>
<tr><td></td><td>发电设备</td><td>TP-200000KW</td><td></td><td>台</td><td>2</td><td></td><td></td><td>自有</td><td></td></tr>
<tr><td rowspan="2">总价（净值）</td><td>土建工程费</td><td>设备费</td><td>安装费</td><td>运杂费</td><td>包装费</td><td>其他</td><td>合计</td><td>预计年限</td><td>净残值率</td></tr>
<tr><td></td><td>211,720.00</td><td></td><td></td><td></td><td></td><td>211,720.00</td><td>15</td><td>5%</td></tr>
<tr><td colspan="6">生产设备</td><td>原值</td><td>211,720.00</td><td>已提折旧</td><td></td></tr>
<tr><td>验收意见</td><td colspan="2">合格，交生产部门使用</td><td>验收人签章</td><td colspan="2">王忆</td><td colspan="2">保管使用人签章</td><td colspan="2">张雨</td></tr>
</table>

业务 3—10

表 3—31

付款（用款）申请单

日期：2018 年 1 月 18 日　　附件：1 张

收款单位名称	海南省土地储备整理交易中心				
开　户　行	工行海口市和平南路支行	账号	026410345		
收 款 地 址	海口市	付款方式	转账支票		
申请付款金额	（人民币大写）壹佰陆拾万元整　　¥ 1,600,000.00				
款 项 用 途	土地竞拍成功，补付土地款（法定期限 40 年）				
总经理	王帆	部门负责人	刘波	经办人	李伟

财务经理：冯阳　　会计审核：张茜　　出纳：方荷

表 3—32

中国工商银行
转账支票存根

支票号码：089800212
科　　目__________
对方科目__________
出票日期 2018 年 1 月 18 日

收款人：省土地交易中心
金额：¥ 1,600,000.00
用途：补付土地款
备注：

单位主管　　会计

表 3—33

海南省非税收入一般缴款书（收据） 4

No0229896098

填制日期：2018 年 1 月 18 日　执收单位名称：海南省土地储备整理交易中心　执收单位编码：505000000

付款人	全称	海南万泉河啤酒有限责任公司	收款人	全称	海南省土地储备整理交易中心	
	账号	589806688		账号	026410345	
	开户行	工行海口市金盘支行		开户行	工行海口市和平南路支行	
币种：人民币	金额（大写）贰佰万元整				（小写）￥2,000,000.00	
收款项目编码	收款项目名称	单位	数量	收费标准	金额	
68	土地款	项	1		2,000,000.00	
执收单位（盖章） 经办人（盖章）			备注：			

第四联执收单位付给缴款人的收据

琼财非税［2018］6 号　校验码：B9D7　经办人：史春霞

业务 3—11

表 3—34

设备报废申请

财务部：

现销售部一运输车辆五菱之光 6400B 使用寿命期满，申请做报废处理。

计划部

2018 年 1 月 25 日

注：五菱之光 6400B 是销售部车辆，其账簿记录余额如下：固定资产——运输设备 40,000 元，其对应的累计折旧余额 38,000 元。

表 3—35

付款（用款）申请单

日期：2018 年 1 月 28 日　附件：1 张

收款单位名称	张影				
开　户　行		账号			
收 款 地 址		付款方式	现金		
申请付款金额	（人民币大写）叁佰元整　￥300.00				
款 项 用 途	支付运输车辆五菱之光清理费		现金付讫		
总经理	王帆	部门负责人	刘波	经办人	刘清

财务经理：冯阳　会计审核：张茜　出纳：方荷

表 3—36　　**固定资产清理损益计算表**

使用部门：销售部　　　　2018 年 1 月 28 日

清理项目	五菱之光 6400B		清理原因	报废	
固定资产清理借方发生额			固定资产清理贷方发生额		
清理支出内容		金额	清理收入内容		金额
固定资产净值		2,000.00	出售固定资产价款		
清理费用		300.00			
借方合计		2,300.00	贷方合计		
固定资产清理 ~~净收益~~ 净损失 金额：人民币贰仟叁佰元整　　¥ 2,300.00					

制表人：张茜

业务 3—12

表 3—37　　**固定资产交接（验收）单**

2018 年 1 月 28 日

固定资产编号	名称	规格	型号	计量单位	数量	建造单位	建造编号	资金来源	附属技术资料
	发酵设备			台	1			自有	
总价（净值）	土建工程费	设备费	安装费	运杂费	包装费	其他	合计	预计年限	净残值率
		262,000.00					262,000.00	15	5%
生产设备						原值	262,000.00	已提折旧	
验收意见	合格，交生产部门使用		验收人签章	王忆		保管使用人签章		张雨	

业务 3—13

表 3—38　　**无形资产摊销计算表**

2018 年 1 月

项　目	账面金额	摊销期限	月摊销额	备注
“龙泉啤酒”商标特许权				
工业专有技术				
无菌灌装专利权				
土地使用权				
万泉河商标				
合计				

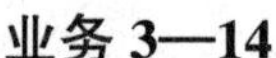

业务 3—14

表 3—39 **固定资产折旧计算汇总表**

2018 年 1 月

使用部门	固定资产类别	上月计提折旧额	上月增加固定资产（残值 5%）		上月减少固定资产（残值 5%）		本月应提折旧额	核算账户
			原值	折旧额	原值	折旧额		
酿造车间 灌装车间	厂房	50,000.00	1,985,600.00	10,479.56				
	生产线	408,300.00						
	生产设备	50,950.00	1,000,000.00	15,833.33	720,000.00	5,700.00		
销售部	运输设备	9,000.00	94,000.00	744.17				
	办公设备	1,000.00						
行政部	房屋建筑物	45,000.00						
	办公设备	5,000.00						
合计		569,250.00						

项目 4　生产准备——材料采购的核算

单项实训

一、企业会计核算规定

材料入库采用实际成本法计价。

二、实训任务

要求：根据下列各项业务的具体资料，编制会计凭证，见表 4—1 至表 4—37。

业务 4—1

表 4—1　　付款（用款）申请单

日期：2018 年 1 月 1 日

收款单位名称	海口天涯外贸公司				
开　户　行	工行海口市南海支行	账号	898012377		
收 款 地 址	海口市	付款方式	转账支票		
申请付款金额	（人民币大写）壹拾柒万伍仟伍佰元整　　¥ 175,500.00				
款 项 用 途	支付采购纸箱货款				
总经理	张杰	部门负责人	程斌	经办人	周明

财务经理：冯阳　　会计审核：张茜　　出纳：方荷

表 4—2

4600171130 海南增值税专用发票 №02237854

发 票 联 开票日期：2018 年 1 月 1 日

购买方	名称：	海南万泉河啤酒有限责任公司			密码区			
	纳税人识别号：	914600100089806666						
	地址、电话：	海口市金盘大道 88 号 66819999						
	开户银行及账号：	工行海口市金盘支行 589806688						
货物或应税劳务、服务名称		规格型号	单位	数量	单价	金额	税率	税额
清爽纸箱			个	50,000	1.50	75,000.00	17%	12,750.00
纯生纸箱			个	50,000	1.50	75,000.00	17%	12,750.00
合计						150,000.00		25,500.00
价税合计（大写）		⊗ 壹拾柒万伍仟伍佰元整				（小写）¥175,500.00		
销售方	名称：	海口天涯外贸公司			备注	海口天涯外贸公司 914600100089805555 发票专用章		
	纳税人识别号：	914600100089805555						
	地址、电话：	海口市南海大道 95 号 66817777						
	开户银行及账号：	工行海口市南海支行 898012377						

收款人： 复核： 开票人：王涛 销售方：（章）

第二联 发票联

表 4—3

中国工商银行
转账支票存根

支票号码：089800201

科　目__________

对方科目__________

出票日期 2018 年 1 月 1 日

收款人：海口天涯外贸公司

金额：¥175,500.00

用途：支付货款

备注：

单位主管　　会计

表 4—4　　　　　　　　　**收料单**

材料科目：材料　　　　　　　　　　　　　　　　　　编号：005
材料类别：原材料及主要材料　　　　　　　　　　　　收料仓库：材料库
供应单位：海口天涯外贸公司　　　　2018 年 1 月 1 日　　　　发票号码：

材料编号	材料名称	规格	计量单位	数量		实际价格				计划价格	
				应收	实收	单价	发票金额	运费	合计	单价	金额
	清爽纸箱		个	50,000	50,000						
	纯生纸箱		个	50,000	50,000						
备注											

第二联　交财务

采购员：李立　　　　检验员：李军　　　　记账员：刘悦　　　　保管员：冯荣

业务 4—2

表 4—5　　　　　　　　　**付款（用款）申请单**

日期：2018 年 1 月 2 日

收款单位名称	中山市玻璃瓶厂				
开　户　行	工行中山市支行	账号	645010801		
收　款　地　址	中山市	付款方式	电汇		
申请付款金额	（人民币大写）玖拾叁万捌仟零陆拾肆元陆角整　　¥938,064.60				
款　项　用　途	偿还 2017 年 12 月所欠货款				
总经理	张杰	部门负责人	程斌	经办人	周明

财务经理：冯阳　　　　会计审核：张茜　　　　出纳：方荷

表 4—6

中国工商银行　**电汇凭证**（回单）　　1　　NO：0289834

委托日期　2018 年 1 月 2 日　　　　第　号

汇款人	全称	海南万泉河啤酒有限责任公司			收款人	全称	中山市玻璃瓶厂		
	账号或住址	589806688				账号或住址	645010801		
	汇出地点	海口市	汇出行名称	工行海口市金盘支行		汇入地点	中山市	汇入行名称	工行中山市支行

金额	人民币（大写）玖拾叁万捌仟零陆拾肆元陆角整	千	百	十	万	千	百	十	元	角	分
			¥	9	3	8	0	6	4	6	0

汇款用途：支付前欠货款 上列款项已根据委托办理，如需查询，请持此回单来行面洽。 单位主管　会计　复核　记账	（汇出行盖章） 中国工商银行 海口市金盘支行 2018.01.02 转讫 年　月　日

此联是汇出行给汇款人的回单

业务 4—3

表 4—7

付款（用款）申请单

日期：2018 年 1 月 3 日

收款单位名称	兰州啤酒物资有限责任公司				
开　户　行	工行兰州市分行	账号	189805796		
收 款 地 址	兰州市	付款方式	银行承兑汇票		
申请付款金额	（人民币大写）叁拾贰万柒仟陆佰元整　　¥ 327,600.00				
款 项 用 途	采购麦芽 50,000 公斤，单价为 5.6 元 / 公斤，价税合计 327,600.00 元				
总经理	张杰	部门负责人	程斌	经办人	周明

财务经理：冯阳　　会计审核：张茜　　出纳：方荷

表 4—8

6201171130　　**甘肃增值税专用发票**　　No03357534

发　票　联　　开票日期：2018 年 1 月 1 日

购买方	名称：海南万泉河啤酒有限责任公司				密码区			
	纳税人识别号：914600100089806666							
	地址、电话：海口市金盘大道 88 号 66819999							
	开户银行及账号：工行海口市金盘支行 589806688							
货物或应税劳务、服务名称	规格型号	单位	数量	单价	金额	税率	税额	
麦芽		公斤	50,000	5.60	280,000.00	17%	47,600.00	
合计					280,000.00		47,600.00	
价税合计（大写）	⊗ 叁拾贰万柒仟陆佰元整				（小写）¥ 327,600.00			
销售方	名称：兰州啤酒物资有限责任公司				备注	兰州啤酒物资有限责任公司 916201100315608461 发票专用章		
	纳税人识别号：916201100315608461							
	地址、电话：兰州市国贸大道 8 号 6890321							
	开户银行及账号：工行兰州市分行 189805796							

第二联 发票联

收款人：　　复核：　　开票人：李立　　销售方：（章）

表 4—9

银行承兑汇票

3

出票日期(大写)：贰零壹捌年零壹月零叁日　　　　1000000000809

出票人全称	海南万泉河啤酒有限责任公司	收款人	全　称	兰州啤酒物资有限责任公司
出票人账号	589806688		账　号	189805796
付款行全称	工行海口市金盘支行		开户银行	工行兰州市分行
汇票到期日	贰零壹捌年零柒月零叁日	付款行	行　号	141
承兑协议号	953324		地　址	

出票金额	亿	千	百	十	万	千	百	十	元	角	分
叁拾贰万柒仟陆佰元整			¥	3	2	7	6	0	0	0	0

备注：

此联出票人存查

业务 4—4

表 4—10

付款(用款)申请单

日期：2018 年 1 月 4 日

收款单位名称	中山市玻璃瓶厂				
开　户　行	工行中山市支行	账号	645010801		
收 款 地 址	中山市	付款方式	银行汇票		
申请付款金额	(人民币大写)捌拾肆万捌仟元整　¥ 848,000.00				
款 项 用 途	采购玻璃瓶，申请开立银行汇票				
总经理	张杰	部门负责人	程斌	经办人	周明

财务经理：冯阳　　　会计审核：张茜　　　出纳：方荷

表 4—11

中国工商银行　**汇票申请书**（存根）　1

申请日期 2018 年 1 月 4 日　　第 1213 号

申请人	海南万泉河啤酒有限责任公司	收款人	中山市玻璃瓶厂
账号或地址	589806688	账号或地址	645010801
用途	支付货款	代理付款行	工行中山市支行

人民币（大写）捌拾肆万捌仟元整	千	百	十	万	千	百	十	元	角	分
		¥	8	4	8	0	0	0	0	0

备注：支付货款

中国工商银行 海口市金盘支行 2018.01.04 转讫

科目＿＿＿＿＿＿

对方科目＿＿＿＿＿＿

财务主管　　复核　　经办

此联申请人留存

业务 4—5

表 4—12

6501171130　　新疆增值税专用发票　　No03657880

发　票　联　　开票日期：2018 年 1 月 2 日

购买方	名称：	海南万泉河啤酒有限责任公司	密码区			
	纳税人识别号：	914600100089806666				
	地址、电话：	海口市金盘大道 88 号 66819999				
	开户银行及账号：	工行海口市金盘支行 589806688				

货物或应税劳务、服务名称	规格型号	单位	数量	单价	金额	税率	税额
啤酒花		公斤	2,000	90.00	180,000.00	17%	30,600.00
合计					180,000.00		30,600.00
价税合计（大写）	⊗ 贰拾壹万零陆佰元整				（小写）¥ 210,600.00		

销售方	名称：	乌鲁木齐啤酒物资有限责任公司	备注	现金折扣：2/10，1/20，n/30
	纳税人识别号：	916501100082801786		
	地址、电话：	乌鲁木齐解放路 25 号 7878651		
	开户银行及账号：	工行乌鲁木齐市分行 2089807651		

收款人：　　复核：　　开票人：孙涛　　销售方：（章）

乌鲁木齐啤酒物资有限责任公司 916501100082801786 发票专用章

第二联 发票联

表 4—13　　**收料单**

材料科目：材料　　编号：006

材料类别：原材料及主要材料　　收料仓库：材料库

供应单位：乌鲁木齐啤酒物资有限责任公司　2018 年 1 月 5 日　　发票号码：

材料编号	材料名称	规格	计量单位	数量		实际价格				计划价格	
				应收	实收	单价	发票金额	运费	合计	单价	金额
	啤酒花		公斤	2,000	2,000						
备注											

第二联　交财务

采购员：李立　　检验员：李军　　记账员：刘悦　　保管员：冯荣

业务 4—6

表 4—14　　**收料单**

材料科目：材料　　编号：007

材料类别：原材料及主要材料　　收料仓库：材料库

供应单位：兰州啤酒物资有限责任公司　2018 年 1 月 7 日　　发票号码：

材料编号	材料名称	规格	计量单位	数量		实际价格				计划价格	
				应收	实收	单价	发票金额	运费	合计	单价	金额
	麦芽		公斤	50,000	50,000						
备注	2018 年 1 月 3 日采购的麦芽入库										

第二联　交财务

采购员：李立　　检验员：李军　　记账员：刘悦　　保管员：冯荣

业务 4—7

表 4—15

4420171130

广东增值税专用发票

No03643280

发票联　　开票日期：2018 年 1 月 6 日

购买方	名称：	海南万泉河啤酒有限责任公司			密码区			
	纳税人识别号：	914600100089806666						
	地址、电话：	海口市金盘大道 88 号 66819999						
	开户银行及账号：	工行海口市金盘支行 589806688						
货物或应税劳务、服务名称		规格型号	单位	数量	单价	金额	税率	税额
啤酒瓶			只	900,000	0.80	720,000.00	17%	122,400.00
合计						720,000.00		122,400.00
价税合计（大写）		⊗ 捌拾肆万贰仟肆佰元整				（小写）¥ 842,400.00		
销售方	名称：	中山市玻璃瓶厂			备注	中山市玻璃瓶厂 914420100089801234 发票专用章		
	纳税人识别号：	914420100089801234						
	地址、电话：	中山市长江路 2 号 6466112						
	开户银行及账号：	工行中山市支行 645010801						

第二联　发票联

收款人：　　复核：　　开票人：赵刚　　销售方：（章）

业务 4—8

表 4—16

6201171130　　　　**甘肃增值税专用发票**　　　　№03225388

发　票　联　　　　开票日期：2018 年 1 月 6 日

购买方	名称：	海南万泉河啤酒有限责任公司			密码区			
	纳税人识别号：	914600100089806666						
	地址、电话：	海口市金盘大道 88 号 66819999						
	开户银行及账号：	工行海口市金盘支行 589806688						
货物或应税劳务、服务名称		规格型号	单位	数量	单价	金额	税率	税额
大麦			公斤	80,000	4.00	320,000.00	17%	54,400.00
合计						320,000.00		54,400.00
价税合计（大写）		⊗ 叁拾柒万肆仟肆佰元整				（小写）¥374,400.00		
销售方	名称：	兰州啤酒物资有限责任公司			备注	兰州啤酒物资有限责任公司 916201100315608461 发票专用章		
	纳税人识别号：	916201100315608461						
	地址、电话：	兰州市国贸大道 8 号 6890321						
	开户银行及账号：	工行兰州市分行 189805796						

收款人：　　　复核：　　　开票人：李立　　　销售方：（章）

第二联　发票联

表 4—17

委电　　　　**委托收款凭证（付款通知）**　　5　　委托号码　第　号

委托日期　2018 年 1 月 6 日　　　　付款期限：3 日

付款人	全　称	海南万泉河啤酒有限责任公司	收款人	全　称	兰州啤酒物资有限责任公司
	账　号	589806688		账　号	189805796
	开户银行	工行海口市金盘支行		开户银行	工行兰州市分行

托收金额	人民币（大写）叁拾柒万肆仟肆佰元整	千	百	十	万	千	百	十	元	角	分
			¥	3	7	4	4	0	0	0	0

款项内容	支付货款	委托收款凭据名称	发票	附寄单据张数	2

备注： 电划 中国工商银行 海口市金盘支行 2018.01.10 转讫	付款人注意： 1. 根据结算办法，上列委托收款如在付款期限内未拒付时，即视同全部同意付款，以此联代付款通知。 2. 如需提前付款或多付款时，应另写书面通知送银行办理。 3. 如系全部或部分拒付，应在付款期限内另填拒绝付款理由书送银行办理。

此联是付款人开户行通知付款人按期承付通知

单位主管　　会计　　复核　　记账　　付款人开户银行收到日期　2018 年 1 月 10 日

表 4—18　　　　**收料单**

材料科目：材料　　　　编号：009

材料类别：原材料及主要材料　　　　收料仓库：材料库

供应单位：兰州啤酒物资有限责任公司　　2018 年 1 月 10 日　　发票号码：

材料编号	材料名称	规格	计量单位	数量		实际价格				计划价格	
				应收	实收	单价	发票金额	运费	合计	单价	金额
	大麦		公斤	80,000	80,000						
备注											

第二联　交财务

采购员：李立　　检验员：李军　　记账员：刘悦　　保管员：冯荣

业务 4—9

表 4—19　　　　**付款（用款）申请单**

日期：2018 年 1 月 12 日

收款单位名称	乌鲁木齐啤酒物资有限责任公司				
开　户　行	工行乌鲁木齐市分行	账号	2089807651		
收　款　地　址	乌鲁木齐市	付款方式	电汇		
申请付款金额	（人民币大写）贰拾万零柒仟元整　　¥ 207,000.00				
款　项　用　途	支付本月采购入库啤酒花货款（享受现金折扣 2%）				
总经理	张杰	部门负责人	程斌	经办人	周明

财务经理：冯阳　　会计审核：张茜　　出纳：方荷

表 4—20

中国工商银行　**电汇凭证**（回单）　　**1**　　NO：03089304

委托日期　2018 年 1 月 12 日　　第　号

汇款人	全称	海南万泉河啤酒有限责任公司			收款人	全称	乌鲁木齐啤酒物资有限责任公司		
	账号或住址	589806688				账号或住址	2089807651		
	汇出地点	海口市	汇出行名称	工行海口市金盘支行		汇入地点	乌鲁木齐市	汇入行名称	工行乌鲁木齐市分行

金额	人民币（大写）贰拾万零柒仟元整	千	百	十	万	千	百	十	元	角	分
			¥	2	0	7	0	0	0	0	0

汇款用途：支付前欠货款　　（汇出行盖章）

上列款项已根据委托办理，如需查询，请持此回单来行面洽。

中国工商银行
海口市金盘支行
2018.01.12
转讫

单位主管　　会计　　复核　　记账　　　　年　月　日

此联是汇出行给汇款人的回单

业务 4—10

表 4—21 付款（用款）申请单

日期：2018 年 1 月 16 日

收款单位名称	中山市腾飞运输公司				
开 户 行	工行中山市支行	账号	645010806		
收 款 地 址	中山市	付款方式	电汇		
申请付款金额	（人民币大写）玖佰陆拾壹元叁角柒分　　¥961.37				
款 项 用 途	支付玻璃瓶运费（已扣责任赔偿款 1,000.00 元）				
总经理	张杰	部门负责人	程斌	经办人	周明

财务经理：冯阳　　会计审核：张茜　　出纳：方荷

表 4—22

4420171130　　广东增值税专用发票　　№5812643

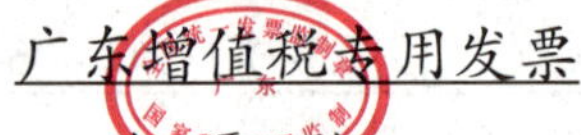

发 票 联　　开票日期：2018 年 1 月 15 日

购买方	名称：	海南万泉河啤酒有限责任公司		密码区			
	纳税人识别号：	914600100089806666					
	地址、电话：	海口市金盘大道 88 号 66819999					
	开户银行及账号：	工行海口市金盘支行 589806688					

货物或应税劳务、服务名称	规格型号	单位	数量	单价	金额	税率	税额
运费		公斤	1,500.00	1.178	1,767.00	11%	194.37
合计					1,767.00		194.37
价税合计（大写）	⊗ 壹仟玖佰陆拾壹元叁角柒分				（小写）¥1,961.37		

销售方	名称：	中山市腾飞运输公司	备注	
	纳税人识别号：	914420100089804674		中山市腾飞运输公司 914420100089804674 发票专用章
	地址、电话：	中山市解放路 25 号 38786510		
	开户银行及账号：	工行中山市支行 645010806		

收款人：　　复核：　　开票人：方正　　销售方：（章）

第二联 发票联

表 4—23 收料单

材料科目：材料　　编号：010

材料类别：原材料及主要材料　　收料仓库：材料库

供应单位：中山市玻璃瓶厂　　2018 年 1 月 15 日　　发票号码：

材料编号	材料名称	规格	计量单位	数量		实际价格				计划价格	
				应收	实收	单价	发票金额	运费	合计	单价	金额
	啤酒瓶		支	900,000	898,000						
备注	2,000 支毁损，其中 1,900 支为运输公司责任，100 支为途中合理损耗。										

采购员：李立　　检验员：李军　　记账员：刘悦　　保管员：冯荣

第二联 交财务

表 4—24

啤酒瓶短缺责任说明书

总经理：

公司于 2018 年 1 月 15 日入库的啤酒瓶，毁损 2,000 支，经查证，说明如下：

1. 中山市腾飞运输公司因运输不当损坏啤酒瓶 1,900 支，经协商，同意赔偿我公司 1,000 元，结算运费时直接扣回；

2. 运输途中合理损耗啤酒瓶 100 支，由公司自负。

特此说明。

2018 年 1 月 16 日

采购部 仓储部

同意上述处理意见

李华

2018 年 1 月 16 日

请按李总批示处理

冯阳

2018 年 1 月 16 日

表 4—25

中国工商银行 **电汇凭证**（回单） 1 NO：03089390

委托日期 2018 年 1 月 16 日 第 号

汇款人	全称	海南万泉河啤酒有限责任公司			收款人	全称	中山市腾飞运输公司		
	账号或住址	589806688				账号或住址	645010806		
	汇出地点	海口市	汇出行名称	工行海口市金盘支行		汇入地点	中山市	汇入行名称	工行中山市支行

金额	人民币（大写）玖佰陆拾壹元叁角柒分	千	百	十	万	千	百	十	元	角	分
						¥	9	6	1	3	7

汇款用途：支付运费

上列款项已根据委托办理，如需查询，请持此回单来行面洽。

（汇出行盖章）

中国工商银行 海口市金盘支行 2018.01.16 转讫

单位主管 会计 复核 记账

年 月 日

此联是汇出行给汇款人的回单

业务 4—11

表 4—26

<table>
<tr><td colspan="4">付款期
一个月</td><td colspan="6">中国工商银行
银行汇票（多余款收账通知）</td><td colspan="3">4</td><td colspan="3">Ⅷ Ⅱ 37862544
第 23667 号</td></tr>
<tr><td colspan="8">出票日期（大写） 贰零壹捌年零壹月零肆日</td><td colspan="8">代理付款行：工行中山市支行　　行号：089</td></tr>
<tr><td colspan="5">收款人：中山市玻璃瓶厂</td><td colspan="10">账号或地址：645010801</td><td rowspan="8">此联出票行结清多余款后交申请人</td></tr>
<tr><td colspan="15">出票金额　人民币
（大写）捌拾肆万捌仟元整</td></tr>
<tr><td colspan="5" rowspan="2">实际结算金额　人民币
（大写）捌拾肆万贰仟肆佰元整</td><td>千</td><td>百</td><td>十</td><td>万</td><td>千</td><td>百</td><td>十</td><td>元</td><td>角</td><td>分</td></tr>
<tr><td></td><td>¥</td><td>8</td><td>4</td><td>2</td><td>4</td><td>0</td><td>0</td><td>0</td><td>0</td></tr>
<tr><td colspan="5">申请人：海南万泉河啤酒有限责任公司
出票行：工行海口市金盘支行</td><td colspan="10">账号或地址：589806688
行号：141</td></tr>
<tr><td colspan="3" rowspan="3">备注：
（中国工商银行 海口市金盘支行 2018.01.16 转讫）
出票行盖章
2018 年 1 月 16 日</td><td colspan="10">多余金额</td><td colspan="2" rowspan="3">左列退回多余金额已收入你账户内。
财务主管　复核　经办</td></tr>
<tr><td>千</td><td>百</td><td>十</td><td>万</td><td>千</td><td>百</td><td>十</td><td>元</td><td>角</td><td>分</td></tr>
<tr><td></td><td></td><td></td><td>¥</td><td>5</td><td>6</td><td>0</td><td>0</td><td>0</td><td>0</td></tr>
</table>

业务 4—12

表 4—27

付款（用款）申请单

日期：2018 年 1 月 18 日

收款单位名称	兰州啤酒物资有限责任公司				
开　户　行	工行兰州市分行	账号	189805796		
收　款　地　址	兰州市	付款方式	电汇		
申请付款金额	（人民币大写）壹拾万元整　　¥100,000.00				
款　项　用　途	预付麦芽货款				
总经理	张杰	部门负责人	程斌	经办人	周明

财务经理：冯阳　　会计审核：张茜　　出纳：方荷

表 4—28

中国工商银行 **电汇凭证**（回单） **1** NO：03089456

委托日期 2018 年 1 月 18 日 第 号

<table>
<tr><td rowspan="3">汇款人</td><td>全称</td><td colspan="3">海南万泉河啤酒有限责任公司</td><td rowspan="3">收款人</td><td>全称</td><td colspan="3">兰州啤酒物资有限责任公司</td></tr>
<tr><td>账号或住址</td><td colspan="3">589806688</td><td>账号或住址</td><td colspan="3">189805796</td></tr>
<tr><td>汇出地点</td><td>海口市</td><td>汇出行名称</td><td>工行海口市金盘支行</td><td>汇入地点</td><td>兰州市</td><td>汇入行名称</td><td>工行兰州市分行</td></tr>
<tr><td>金额</td><td colspan="5">人民币
（大写）壹拾万元整</td><td colspan="4">千 百 十 万 千 百 十 元 角 分
¥ 1 0 0 0 0 0 0 0</td></tr>
<tr><td colspan="6">汇款用途：预付货款</td><td colspan="4" rowspan="2">（汇出行盖章）
中国工商银行 海口市金盘支行 2018.01.18 转讫

年 月 日</td></tr>
<tr><td colspan="6">上列款项已根据委托办理，如需查询，请持此回单来行面洽。

单位主管 会计 复核 记账</td></tr>
</table>

此联是汇出行给汇款人的回单

业务 4—13

表 4—29

6201171130 甘肃增值税专用发票 №03357557

发 票 联 开票日期：2018 年 1 月 20 日

<table>
<tr><td rowspan="4">购买方</td><td colspan="2">名称：</td><td colspan="3">海南万泉河啤酒有限责任公司</td><td rowspan="4">密码区</td><td colspan="3" rowspan="4"></td></tr>
<tr><td colspan="2">纳税人识别号：</td><td colspan="3">914600100089806666</td></tr>
<tr><td colspan="2">地址、电话：</td><td colspan="3">海口市金盘大道 88 号 66819999</td></tr>
<tr><td colspan="2">开户银行及账号：</td><td colspan="3">工行海口市金盘支行 589806688</td></tr>
<tr><td colspan="3">货物或应税劳务、服务名称</td><td>规格型号</td><td>单位</td><td>数量</td><td>单价</td><td>金额</td><td>税率</td><td>税额</td></tr>
<tr><td colspan="3">麦芽</td><td></td><td>公斤</td><td>60,000</td><td>5.50</td><td>330,000.00</td><td>17%</td><td>56,100.00</td></tr>
<tr><td colspan="3">合计</td><td></td><td></td><td></td><td></td><td>330,000.00</td><td></td><td>56,100.00</td></tr>
<tr><td colspan="3">价税合计（大写）</td><td colspan="7">⊗ 叁拾捌万陆仟壹佰元整 （小写）¥386,100.00</td></tr>
<tr><td rowspan="4">销售方</td><td colspan="2">名称：</td><td colspan="3">兰州啤酒物资有限责任公司</td><td rowspan="4">备注</td><td colspan="3" rowspan="4">兰州啤酒物资有限责任公司
916201100315608461
发票专用章</td></tr>
<tr><td colspan="2">纳税人识别号：</td><td colspan="3">916201100315608461</td></tr>
<tr><td colspan="2">地址、电话：</td><td colspan="3">兰州市国贸大道 8 号 6890321</td></tr>
<tr><td colspan="2">开户银行及账号：</td><td colspan="3">工行兰州市分行 189805796</td></tr>
</table>

收款人： 复核： 开票人：李立 销售方：（章）

第二联 发票联

表 4—30

收料单

材料科目：材料　　　　　　　　　　　　　　　　　　　　　　编号：011
材料类别：原材料及主要材料　　　　　　　　　　　　　　　　收料仓库：材料库
供应单位：兰州啤酒物资有限责任公司　　2018 年 1 月 20 日　　发票号码：

材料编号	材料名称	规格	计量单位	数量		实际价格				计划价格	
				应收	实收	单价	发票金额	运费	合计	单价	金额
	麦芽		公斤	60,000	60,000						
备注											

第二联　交财务

采购员：李立　　检验员：李军　　记账员：刘悦　　保管员：冯荣

业务 4—14

表 4—31

付款（用款）申请单

日期：2018 年 1 月 25 日

收款单位名称	兰州啤酒物资有限责任公司				
开　户　行	工行兰州市分行	账号	189805796		
收 款 地 址	兰州市	付款方式	电汇		
申请付款金额	（人民币大写）贰拾捌万陆仟壹佰元整　¥ 286,100.00				
款 项 用 途	支付预付款采购麦芽的尾款				
总经理	张杰	部门负责人	程斌	经办人	周明

财务经理：冯阳　　会计审核：张茜　　出纳：方荷

表 4—32

中国工商银行　**电汇凭证**（回单）　　1　　NO：03089651

委托日期　2018 年 1 月 25 日　　第　号

汇款人	全称	海南万泉河啤酒有限责任公司			收款人	全称	兰州啤酒物资有限责任公司		
汇款人	账号或住址	589806688			收款人	账号或住址	189805796		
汇款人	汇出地点	海口市	汇出行名称	工行海口市金盘支行	收款人	汇入地点	兰州市	汇入行名称	工行兰州市分行

金额	人民币（大写）贰拾捌万陆仟壹佰元整	千	百	十	万	千	百	十	元	角	分
			¥	2	8	6	1	0	0	0	0

汇款用途：补付货款

上列款项已根据委托办理，如需查询，请持此回单来行面洽。

（汇出行盖章）

中国工商银行 海口市金盘支行 2018.01.25 转讫

单位主管　会计　复核　记账　　　　年　月　日

此联是汇出行给汇款人的回单

业务 4—15

表 4—33

付款（用款）申请单

日期：2018 年 1 月 25 日

收款单位名称	海口天涯外贸公司				
开户行	工行海口市南海支行	账号	898012377		
收款地址	海口市	付款方式	电汇		
申请付款金额	（人民币大写）贰仟伍佰柒拾肆元整 ¥2,574.00				
款项用途	支付维修配件款				
总经理	张杰	部门负责人	程斌	经办人	周明

财务经理：冯阳　　会计审核：张茜　　出纳：方荷

表 4—34

4600151130　　**海南增值税专用发票**　　№02237865

发票联　　开票日期：2018 年 1 月 27 日

购买方	名称：	海南万泉河啤酒有限责任公司			密码区			
	纳税人识别号：	914600100089806666						
	地址、电话：	海口市金盘大道 88 号 66819999						
	开户银行及账号：	工行海口市金盘支行 589806688						
货物或应税劳务、服务名称		规格型号	单位	数量	单价	金额	税率	税额
维修配件			个	40	55.00	2,200.00	17%	374.00
合计						2,200.00		374.00
价税合计（大写）		⊗ 贰仟伍佰柒拾肆元整				（小写）¥2,574.00		
销售方	名称：	海口天涯外贸公司			备注			
	纳税人识别号：	914600100089805555						
	地址、电话：	海口市南海大道 95 号 66817777						
	开户银行及账号：	工行海口市南海支行 898012377						

收款人：　　复核：　　开票人：王涛　　销售方：（章）

第二联 发票联

表 4—35

中国工商银行
转账支票存根

支票号码：089800217
科　　目
对方科目
出票日期 2018 年 1 月 27 日

收款人：海口天涯外贸公司
金额：¥ 2,574.00
用途：支付配件款
备注：

单位主管　　　会计

表 4—36　　**收料单**

材料科目：材料　　编号：012
材料类别：原材料及主要材料　　收料仓库：材料库
供应单位：海口天涯外贸公司　　2018 年 1 月 27 日　　发票号码：

材料编号	材料名称	规格	计量单位	数量		实际价格				计划价格	
				应收	实收	单价	发票金额	运费	合计	单价	金额
	维修配件		个	40	40						
备注											

第二联　交财务

采购员：李立　　检验员：李军　　记账员：刘悦　　保管员：冯荣

业务 4—16　啤酒瓶发票未到，合同单价 0.8 元，货款未付。

表 4—37　　**收料单**

材料科目：材料　　编号：013
材料类别：原材料及主要材料　　收料仓库：材料库
供应单位：中山市玻璃瓶厂　　2018 年 1 月 28 日　　发票号码：

材料编号	材料名称	规格	计量单位	数量		实际价格				计划价格	
				应收	实收	单价	发票金额	运费	合计	单价	金额
	啤酒瓶		支	1,000,000	1,000,000						
备注											

第二联　交财务

采购员：李立　　检验员：李军　　记账员：刘悦　　保管员：冯荣

项目 5　生产过程的核算

单项实训

一、企业会计核算规定

1. 发出原材料及周转材料采用月末一次加权平均法计算发出成本。
2. 领用周转材料采用一次摊销法摊销其价值。
3. 库存商品采用月末一次加权平均法计价。
4. 按月计算产品成本，月末在产品按所耗直接材料计算。

二、实训任务

要求：根据下列各项业务的具体资料，编制会计凭证，见表 5—1 至表 5—56。

业务 5—1

表 5—1

中国工商银行征税机关实时扣税业务客户回执
Industrial and Commercial Bank of China

付款方户名：海南万泉河啤酒有限责任公司
付款方账号：589806688
付款方开户行：211640
收款方户名：海口市地方税务局
收款方账号：37000000002278001
收款方开户行：国家金库海口市中心支库
入账日期：20180105　小写金额：1,715.52　　大写金额：壹仟柒佰壹拾伍元伍角贰分
纳税人全称及纳税人识别号：海南万泉河啤酒有限责任公司 914600100089806666

缴款书交易流水号：2018010557437356
税票号码：320180105000002464
税种：个人所得税　时期：20171201-20171231.　金额：1,715.52

打印日期：20180105　行号：　–　打印柜员：9999　页码：[187]

（印章：中国工商银行 电子回单专用章）

业务 5—2

表 5—2

国内支付业务付款回单

客户号：265002591578　　日期：2018 年 01 月 06 日
付款人账号：589806688　　收款人账号：
付款人名称：海南万泉河啤酒有限责任公司　　收款人名称：
付款人开户行：工行海口市金盘支行　　收款人开户行：
金额：CNY17,430.00
人民币壹万柒仟肆佰叁拾元整

业务种类：代发划转　业务编号：0000000000000 凭证号码：
用途：公积金
备注：公积金 /0BSS0033856196249GIR0000000000000
附言：/ 银行业务编号：A0142495C12018010600001973

自助打印，请避免重复

交易机构：14865　　建议渠道：网上银行　交易流水号：199981547-941　经办人

回单编号：2018010661603699 验证码：020F2RKLIRJ06300IF26

中国工商银行 电子回单 专用章

表 5—3

公积金汇缴书

种类：		2018 年 1 月 5 日						附清册 3 张			
单位名称	海南万泉河啤酒有限责任公司							□ 汇缴：2018 年 1 月份			
公积金账号	7839010171319			开户银行				工行海口市金盘支行			
缴交金额（大写）	壹万柒仟肆佰叁拾元整			佰	拾	万	仟	佰	拾	元	角	分
					¥	1	7	4	3	0	0	0
上月汇缴		本月增加汇缴		本月减少汇缴		本月汇缴					
人数	金额	人数	金额	人数	金额	人数	金额				
54	17,430					54	17,430				
付款行	付款账号		支票号码	借：							
				贷：							
				银行盖章							

中国工商银行 海口市金盘支行 2018.01.05 转讫

复核：　　记账：　　接柜：

表 5—4 职工住房公积金汇缴清册

所属月份：1 月份

单位盖章：

缴存比例：单位 5% 个人 5%

总汇缴人数：54 人

填表时间：2018 年 01 月 05 日

填表人：刘波

序号	姓名	个人住房公积金账号	缴交基数（元）	月缴存额（元）			
				合计	单位	个人	备注
1	李华	460102196901053723	5,300		265	265	
2	王帆	460101195804095623	4,300		215	215	
53	…	…	…	…	…	…	
54	…	…	…	…	…	…	
——	合（小）计	——	174,300	17,430	8,715	8,715	

海南省住房公积金管理中心 业务专用章

（管理机构）复核：刘晓　　2018 年 01 月 05 日　　（业务专用章）

注：1. 本表一式三份，经管理机构审核后，管理机构、受委托银行、单位各留存一份。

2. 月缴存额以元为单位，见角进元。

业务 5—3

表 5—5

中国工商银行征税机关实时扣税业务客户回执

Industrial and Commercial Bank of China

付款方户名：海南万泉河啤酒有限责任公司

付款方账号：589806688

付款方开户行：211640

收款方户名：海口市地方税务局

收款方账号：37000000002278001

收款方开户行：国家金库海口市中心支库

入账日期：20180108　小写金额：69,720.00　　大写金额：陆万玖仟柒佰贰拾元整

纳税人全称及纳税人识别号：海南万泉河啤酒有限责任公司 914600100089806666

中国工商银行 电子回单 专用章

缴款书交易流水号：2018010857426722

税票号码：420180108000066450

税种：生育保险基金收入时期：20180101–20180131　金额：871.50

税种：失业保险基金收入时期：20180101–20180131　金额：5,229.00

税种：工伤保险基金收入时期：20180101–20180131　金额：871.50

税种：基本医疗保险基金收入时期：20180101–20180131　金额：13,944.00

税种：基本养老保险基金收入时期：20180101–20180131　金额：48,804.00

打印日期：20180108　行号：–　打印柜员：9999　页码：[466]

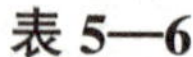

表 5—6　　社保缴费核定汇总表

单位编号：914600100089806666　单位名称（盖章）：海南万泉河啤酒有限责任公司

申报缴费所属期：201801　　申报时间：2018 年 01 月 07 日　　单位：元

项目 险种	人数	工资总额		费率（%）		单位缴费金额（5）	个人缴费金额（6）	应缴费金额（7）
		单位缴费总额（1）	职工缴费基数总额（2）	单位（3）	个人（4）			
基本养老保险费	54	174,300.00	174,300.00	20%	8%	34,860.00	13,944.00	48,804.00
失业保险费	54	174,300.00	174,300.00	2%	1%	3,486.00	1,743.00	5,229.00
基本医疗保险费	54	174,300.00	174,300.00	6%	2%	10,458.00	3,486.00	13,944.00
工伤保险费	54	174,300.00	174,300.00	0.5%		871.50		871.50
生育保险费	54	174,300.00	174,300.00	0.5%		871.50		871.50
合计						50,547.00	19,173.00	69,720.00
备注								

填报人：刘波　　联系电话：66819997　　单位负责人：李华

注：（5）=（1）×（3）；（6）=（2）×（4）；（7）=（5）+（6）

核定结果以社保局实际应收核定为准，此报表仅作参考

业务 5—4

表 5—7

中国工商银行　**进账单**（收账通知）　3　№1229952

2018 年 1 月 9 日　　第　号

付款人	全称	海口佳乐商店	收款人	全称	海南万泉河啤酒有限责任公司
	账号	589604686		账号	589806688
	开户银行	工行海口市南沙支行		开户银行	工行海口市金盘支行

人民币（大写）叁仟元整	千	百	十	万	千	百	十	元	角	分
				¥	3	0	0	0	0	0

票据种类	转账支票
票据张数	1 张

中国工商银行 海口市金盘支行 2018.01.09 转讫

收款人开户行盖章

单位主管　会计　复核　记账

此联是出票人开户银行交给收款人的收账通知

表 5—8

4600171320  海南增值税普通发票 No06637968

开票日期：2018 年 01 月 09 日

购买方	名称：海口佳乐商店 纳税人识别号：914600100089804563 地址、电话：海口市南沙路 28 号 66816542 开户银行及账号：工行海口市南沙支行 589604686			密码区			
货物或应税劳务、服务名称	规格型号	单位	数量	单价	金额	税率	税额
包装物出租					2,564.10	17%	435.90
合计					2,564.10		435.90
价税合计（大写）	⊗ 叁仟元整			（小写）¥ 3,000.00			
销售方	名称：海南万泉河啤酒有限责任公司 纳税人识别号：914600100089806666 地址、电话：海口市金盘大道 88 号 66819999 开户银行及账号：工行海口市金盘支行 589806688			备注	海南万泉河啤酒有限责任公司 914600100089806666 发票专用章		

第一联 记账联

收款人：方荷　　复核：张茜　　开票人：刘悦　　销售方：（章）

表 5—9 领料单

材料科目：材料　　编号：104

材料类别：原材料及主要材料　　收料仓库：材料库

领料部门：海口佳乐商店　　2018 年 1 月 9 日

材料编号	材料名称	规格	计量单位	数量	单价	金额	备注
	啤酒桶		个	1			出租用
	合计						

第二联 交财务

部门主管：丁亮　　保管员：冯荣　　记账员：刘悦　　领料人：刘鹏

业务 5—5

表 5—10 费用报销单

报销日期：2018 年 1 月 10 日　　附件：1 张

费用项目	类别	金额	总经理（签字）	王帆
工会活动购买食品	工会经费	3,446.00		
			部门（签字）	刘波
			报销人（签字）	王海
报销金额合计		¥ 3,446.00		
核实金额（大写） 叁仟肆佰肆拾陆元整		¥ 3,446.00		
借款金额：		应退金额：	应补金额：	

财务经理：冯阳　　会计审核：张茜　　出纳：方荷

表 5—11

4600171320　　　海南增值税普通发票　　　No00164689

发票联　　　开票日期：2018 年 01 月 10 日

购买方	名称：	海南万泉河啤酒有限责任公司			密码区			
	纳税人识别号：	914600100089806666						
	地址、电话：	海口市金盘大道 88 号 66819999						
	开户银行及账号：	工行海口市金盘支行 589806688						
货物或应税劳务、服务名称		规格型号	单位	数量	单价	金额	税率	税额
椰树矿泉水			箱	30	19.521	585.63	3%	17.57
可口可乐			箱	40	69.00	2,760.00	3%	82.80
合计						3,345.63		100.37
价税合计（大写）		⊗ 叁仟肆佰肆拾陆元整			（小写）￥3,446.00			
销售方	名称：	海口佳乐商店			备注	海口佳乐商店 914600100089804563 发票专用章		
	纳税人识别号：	914600100089804563						
	地址、电话：	海口市南沙路 28 号 66816542						
	开户银行及账号：	工行海口市南沙支行 589604686						

收款人：　　　复核：　　　开票人：孙小红　　　销售方：（章）

第二联　发票联

表 5—12

中国工商银行

转账支票存根

支票号码：089800207

科　　目________

对方科目________

出票日期 2018 年 1 月 10 日

收款人：海口佳乐商店

金额：￥3,446.00

用途：工会活动买食品等

备注：________

单位主管　　　会计

业务 5—6

表 5—13　　**领料单**

材料科目：材料　　编号：105
材料类别：原材料及主要材料　　收料仓库：材料库
领料部门：酿造车间　　2018 年 1 月 11 日

材料编号	材料名称	规格	计量单位	数量	单价	金额	备注
	大麦		公斤	80,000			委托加工发出
	合计						

第二联　交财务

部门主管：丁亮　　保管员：冯荣　　记账员：刘悦　　领料人：王英

业务 5—7

表 5—14　　**费用报销单**

报销日期：2018 年 1 月 12 日　　附件：1 张

费用项目	类别	金额	总经理（签字）	王帆
会计继续教育培训费	教育经费	4,307.50		
			部门（签字）	冯阳
			报销人（签字）	方荷
报销金额合计		¥4,307.50		
核实金额（大写）　肆仟叁佰零柒元伍角整				
借款金额：		应退金额：	应补金额：	

财务经理：冯阳　　会计审核：张茜　　出纳：方荷

表 5—15

4600171320　　**海南增值税普通发票**　　№57489342

发　票　联　　开票日期：2018 年 1 月 12 日

购买方	名称：	海南万泉河啤酒有限责任公司				密码区			
	纳税人识别号：	914600100089806666							
	地址、电话：	海口市金盘大道 88 号 66819999							
	开户银行及账号：	工行海口市金盘支行 589806688							
货物或应税劳务、服务名称		规格型号	单位	数量	单价	金额	税率	税额	
培训费						4,182.04	3%	125.46	
合计						4,182.04		125.46	
价税合计（大写）		⊗ 肆仟叁佰零柒元伍角整			（小写）¥4,307.50				
销售方	名称：	海南成信会计师事务所				备注	海南成信会计师事务所 914600106522645375 发票专用章		
	纳税人识别号：	914600106522645375							
	地址、电话：	海口市国贸路 12 号 31859430							
	开户银行及账号：	工行海口市国贸支行 632511876							

第二联　发票联

收款人：王丽　　复核：刘芳　　开票人：张平　　销售方：（章）

表 5—16

中国工商银行
转账支票存根

支票号码：089800208

科　　目＿＿＿＿＿＿

对方科目＿＿＿＿＿＿

出票日期 2018 年 1 月 12 日

收款人：海南成信会计师事务所

金额：¥4,307.50

用途：继续教育培训费

备注：＿＿＿＿＿＿

单位主管　　会计

业务 5—8

表 5—17

费用报销单

报销日期：2018 年 1 月 19 日　　　　附件：1 张

费用项目	类别	金额	总经理（签字）	王帆
酿造车间办公费	制造费用	500.00		
			部门（签字）	陈英
	现金付讫		报销人（签字）	姚刚
报销金额合计		¥500.00		
核实金额（大写） 伍佰元整				
借款金额：	应退金额：	应补金额：		

财务经理：冯阳　　　　会计审核：张茜　　　　出纳：方荷

表 5—18

4600171320　　　　海南增值税普通发票　　　　№00164696

发票联　　　　开票日期：2018 年 01 月 19 日

购买方	名称：	海南万泉河啤酒有限责任公司			密码区			
	纳税人识别号：	914600100089806666						
	地址、电话：	海口市金盘大道 88 号 66819999						
	开户银行及账号：	工行海口市金盘支行 589806688						
货物或应税劳务、服务名称		规格型号	单位	数量	单价	金额	税率	税额
得力 A4 复印纸			箱	5	97.087	485.44	3%	14.56
合计						485.44		14.56
价税合计（大写）		⊗ 伍佰元整			（小写）¥500.00			
销售方	名称：	海口佳乐商店			备注	海口佳乐商店 914600100089804563 发票专用章		
	纳税人识别号：	914600100089804563						
	地址、电话：	海口市南沙路 28 号 66816542						
	开户银行及账号：	工行海口市南沙支行 589604686						

第二联 发票联

收款人：　　　　复核：　　　　开票人：孙小红　　　　销售方：（章）

业务 5—9

表 5—19

4600171130 **海南增值税专用发票** No05937973

发 票 联 开票日期：2018 年 1 月 21 日

购买方	名称：	海南万泉河啤酒有限责任公司			密码区			
	纳税人识别号：	914600100089806666						
	地址、电话：	海口市金盘大道 88 号 66819999						
	开户银行及账号：	工行海口市金盘支行 589806688						
货物或应税劳务、服务名称		规格型号	单位	数量	单价	金额	税率	税额
材料加工费			公斤	80,000	0.5	40,000.00	17%	6,800.00
合计						40,000.00		6,800.00
价税合计（大写）		⊗ 肆万陆仟捌佰元整			（小写）¥46,800.00			
销售方	名称：	海口富华粮食加工厂			备注			
	纳税人识别号：	914600100089807777						
	地址、电话：	海口市南海大道 95 号 66817777						
	开户银行及账号：	工行海口市南海支行 289807227						

第二联 发票联

收款人：刘洋 复核：王龙 开票人：王芳 销售方：（章）

（印章：海口富华粮食加工厂 914600100089807777 发票专用章）

表 5—20 收料单

材料科目：材料 编号：014

材料类别：原材料及主要材料 收料仓库：材料库

供应单位：海口富华粮食加工厂 2018 年 1 月 21 日 发票号码：

材料编号	材料名称	规格	计量单位	数量		实际价格				计划价格	
				应收	实收	单价	发票金额	运费	合计	单价	金额
	麦芽		公斤	64,000	64,000						
备注		委托加工麦芽入库									

第二联 交财务

采购员：李立 检验员：李军 记账员：刘悦 保管员：冯荣

业务 5—10

表 5—21 付款（用款）申请单

日期：2018 年 1 月 24 日

收款单位名称	海口富华粮食加工厂				
开 户 行	工行海口市南海支行	账号	289807227		
收 款 地 址	海口市	付款方式	转账支票		
申请付款金额	（人民币大写）壹拾万零伍仟叁佰元整 ¥105,300.00				
款 项 用 途	偿还 2017 年 12 月所欠加工费以及本月加工费				
总经理	吴平	部门负责人	王斌	经办人	王英

财务经理：冯阳 会计审核：张茜 出纳：方荷

表 5—22

中国工商银行
转账支票存根

支票号码：089800215
科　　目＿＿＿＿＿＿
对方科目＿＿＿＿＿＿
出票日期 2018 年 1 月 24 日

收款人：海口富华粮食加工厂
金额：¥ 105,300.00
用途：麦芽加工费
备注：

单位主管　　　会计

业务 5—11

表 5—23

付款（用款）申请单

日期：2018 年 1 月 25 日

收款单位名称	海口市供电公司				
开　户　行	工行海口市南海支行	账号	898012546		
收 款 地 址	海口市	付款方式	转账支票		
申请付款金额	（人民币大写）壹拾陆万元整　　¥ 160,000.00				
款 项 用 途	预存本月电费				
总经理	吴平	部门负责人	王斌	经办人	王英

财务经理：冯阳　　　会计审核：张茜　　　出纳：方荷

表 5—24

中国工商银行
转账支票存根

支票号码：089800216
科　　目＿＿＿＿＿＿
对方科目＿＿＿＿＿＿
出票日期 2018 年 1 月 25 日

收款人：海口市供电公司
金额：¥ 160,000.00
用途：预存电费
备注：

单位主管　　　会计

业务 5—12

表 5—25

工资表

2018 年 1 月 26 日

部门	姓名	基本工资	岗位津贴	交通补贴	工资合计	加班工资	应发工资	代扣款项				实发工资
								住房公积金	社保费	个税	合计	
办公室	李华	3,000.00	2,000.00	300.00	5,300.00		5,300.00	265.00	583.00	28.56	876.56	4,423.44
办公室	吴平	3,000.00	1,500.00	300.00	4,800.00		4,800.00	240.00	528.00	15.96	783.96	4,016.04
办公室	王帆	3,000.00	1,000.00	300.00	4,300.00		4,300.00	215.00	473.00	3.36	691.36	3,608.64
办公室	张杰	3,000.00	1,000.00	300.00	4,300.00		4,300.00	215.00	473.00	3.36	691.36	3,608.64
…	…	…	…	…	…	…	…	…	…	…	…	…
财务部	冯阳	2,000.00	1,000.00	200.00	3,200.00		3,200.00	160.00	352.00	0	512 .00	2,688.00
财务部	张茜	2,000.00		100.00	2,100.00		2,100.00	105.00	231.00		336.00	1,764.00
…	…	…	…	…	…	…	…	…	…	…	…	…
销售部	王平	2,000.00	500.00	200.00	2,700.00		2,700.00	135.00	297.00		432.00	2,268.00
…	…	…	…	…	…	…	…	…	…	…	…	…
合计		147,900.00	11,300.00	15,100.00	174,300.00	1,296.21	175,596.21	8,715.00	19,173.00	1,850.95	29,738.95	145,857.26

总经理：李华　　　　复核：张茜　　　　制表：高山

表 5—26

国内支付业务付款回单

客户号：265002591578　　日期：2018 年 01 月 27 日

付款人账号：589806688　　收款人账号：

付款人名称：海南万泉河啤酒有限责任公司　　收款人名称：

付款人开户行：工行海口市金盘支行　　收款人开户行：

金额：CNY145,857.26

人民币壹拾肆万伍仟捌佰伍拾柒元贰角陆分

业务种类：代发划转　业务编号：000000000000 凭证号码：

用途：工资

备注：工资 /0BSS0033856196760GIR0000000000000

附言：/ 银行业务编号：A0142495C12018012700001001

自助打印，请避免重复

交易机构：14865　　建议渠道：网上银行　交易流水号：143981654-123　经办人

回单编号：2018012761603632 验证码：020F2RKLIRJ08555IQ17

业务 5—13

表 5—27

委电

委托收款 凭证（付款通知） 5　　委托号码 第 号

委托日期 2018 年 1 月 24 日　　付款期限：3 日

<table>
<tr><td rowspan="3">付款人</td><td>全 称</td><td>海南万泉河啤酒有限责任公司</td><td rowspan="3">收款人</td><td>全 称</td><td colspan="10">海口市自来水公司</td><td rowspan="6">此联是付款人开户行通知付款人按期承付通知</td></tr>
<tr><td>账 号</td><td>589806688</td><td>账 号</td><td colspan="10">245607138</td></tr>
<tr><td>开户银行</td><td>工行海口市金盘支行</td><td>开户银行</td><td colspan="10">中行海口市海甸支行</td></tr>
<tr><td rowspan="2">托收金额</td><td colspan="4" rowspan="2">人民币
（大写）壹万零陆佰叁拾伍元捌角贰分</td><td>千</td><td>百</td><td>十</td><td>万</td><td>千</td><td>百</td><td>十</td><td>元</td><td>角</td><td>分</td></tr>
<tr><td></td><td></td><td>¥</td><td>1</td><td>0</td><td>6</td><td>3</td><td>5</td><td>8</td><td>2</td></tr>
<tr><td>款项内容</td><td colspan="2">支付货款</td><td>委托收款凭据名称</td><td>发票</td><td colspan="3">附寄单据张数</td><td colspan="7">2</td></tr>
<tr><td colspan="4">备注：
电划
中国工商银行 海口市金盘支行 2018.01.28 转讫</td><td colspan="12">付款人注意：
1. 根据结算办法，上列委托收款如在付款期限内未拒付时，即视同全部同意付款，以此联代付款通知。
2. 如需提前付款或多付款时，应另写书面通知送银行办理。
3. 如系全部或部分拒付，应在付款期限内另填拒绝付款理由书送银行办理。</td></tr>
</table>

单位主管　会计　复核　记账　付款人开户银行收到日期 2018 年 1 月 28 日

表 5—28

4600171130　　海南增值税专用发票　　№06037976

全国统一发票监制章 国家税务总局监制

发票联　　开票日期：2018 年 1 月 24 日

<table>
<tr><td rowspan="4">购买方</td><td>名称：</td><td colspan="3">海南万泉河啤酒有限责任公司</td><td rowspan="4">密码区</td><td colspan="3" rowspan="4"></td><td rowspan="8">第二联 发票联</td></tr>
<tr><td>纳税人识别号：</td><td colspan="3">914600100089806666</td></tr>
<tr><td>地址、电话：</td><td colspan="3">海口市金盘大道 88 号 66819999</td></tr>
<tr><td>开户银行及账号：</td><td colspan="3">工行海口市金盘支行 589806688</td></tr>
<tr><td colspan="2">货物或应税劳务、服务名称</td><td>规格型号</td><td>单位</td><td>数量</td><td>单价</td><td>金额</td><td>税率</td><td>税额</td></tr>
<tr><td colspan="2">自来水</td><td></td><td>吨</td><td>11,977.275</td><td>0.8</td><td>9,581.82</td><td>11%</td><td>1,054.00</td></tr>
<tr><td colspan="2">合计</td><td></td><td></td><td></td><td></td><td>9,581.82</td><td></td><td>1,054.00</td></tr>
<tr><td colspan="2">价税合计（大写）</td><td colspan="7">⊗ 壹万零陆佰叁拾伍元捌角贰分　（小写）¥10,635.82</td></tr>
<tr><td rowspan="4">销售方</td><td>名称：</td><td colspan="3">海口市自来水公司</td><td rowspan="4">备注</td><td colspan="3" rowspan="4">海口市自来水公司 914600100089805432 发票专用章</td><td></td></tr>
<tr><td>纳税人识别号：</td><td colspan="3">914600100089805432</td><td></td></tr>
<tr><td>地址、电话：</td><td colspan="3">海口市沿江三路 98 号 66224532</td><td></td></tr>
<tr><td>开户银行及账号：</td><td colspan="3">中行海口市海甸支行 245607138</td><td></td></tr>
</table>

收款人：　复核：　开票人：孙涛　销售方：（章）

表 5—29 **水费分配表**

2018 年 1 月 28 日

应借账户	金额	备注
制造费用	9,341.82	生产车间耗用
管理费用	240.00	管理部门耗用
合计	9,581.82	

部门主管：丁亮　　记账员：刘悦

业务 5—14

表 5—30

4600171130　　海南增值税专用发票　　No08137955

发　票　联　　开票日期：2018 年 1 月 30 日

购买方	名称：	海南万泉河啤酒有限责任公司	密码区			
	纳税人识别号：	914600100089806666				
	地址、电话：	海口市金盘大道 88 号 66819999				
	开户银行及账号：	工行海口市金盘支行 589806688				

货物或应税劳务、服务名称	规格型号	单位	数量	单价	金额	税率	税额
管道燃气		立方米	14,772.727	3.00	44,318.18	11%	4,875.00
合计					44,318.18		4,875.00
价税合计（大写）	⊗ 肆万玖仟壹佰玖拾叁元壹角捌分				（小写）¥49,193.18		

销售方	名称：	海口市管道燃气公司	备注	
	纳税人识别号：	914600100089805987		
	地址、电话：	海口市沿江四路 23 号 66227865		
	开户银行及账号：	工行海口市海甸支行 188807132		

第二联 发票联

收款人：　　复核：　　开票人：孙明　　销售方：（章）

海口市管道燃气公司 914600100089805987 发票专用章

表 5—31 **燃气费分配表**

2018 年 1 月 30 日

应借账户	金额	备注
制造费用	44,318.18	生产车间耗用
合计	44,318.18	

部门主管：丁亮　　记账员：刘悦

业务 5—15

表 5—32

4600171130　　海南增值税专用发票　　№05537878

发票联　　开票日期：2018 年 1 月 30 日

购买方	名称：	海南万泉河啤酒有限责任公司	密码区				
	纳税人识别号：	914600100089806666					
	地址、电话：	海口市金盘大道 88 号 66819999					
	开户银行及账号：	工行海口市金盘支行 589806688					

货物或应税劳务、服务名称	规格型号	单位	数量	单价	金额	税率	税额
电		度	89,980	0.8	71,984.00	17%	12,237.28
合计					71,984.00		12,237.28
价税合计（大写）	⊗ 捌万肆仟贰佰贰拾壹元贰角捌分				（小写）¥84,221.28		

销售方	名称：	海口市供电公司	备注	
	纳税人识别号：	914600100089801506		
	地址、电话：	海口市南海大道 95 号 66814201		
	开户银行及账号：	工行海口市南海支行 898012546		

第二联 发票联

收款人：　　复核：　　开票人：王芳　　销售方：（章）

海口市供电公司 914600100089801506 发票专用章

表 5—33　　电费分配表

2018 年 1 月 30 日

应借账户	金额	备注
制造费用	71,504.00	生产车间耗用
管理费用	480.00	管理部门耗用
合计	71,984.00	

部门主管：丁亮　　记账员：刘悦

业务 5—16

表 5—34　　部门工资汇总表

2018 年 1 月 31 日

部门		标准工资	加班加点工资	合计
基本生产	清爽	36,200.00		36,200.00
	纯生	34,500.00		34,500.00
机修车间		7,500.00		7,500.00
办公室		25,100.00	1,032.17	26,132.17
财务部		9,500.00	264.04	9,764.04
人事部		5,000.00		5,000.00
计划部		4,000.00		4,000.00
采购部		7,800.00		7,800.00
仓储部		4,500.00		4,500.00
销售部		40,200.00		40,200.00
合计		174,300.00	1,296.21	175,596.21

制单人：刘悦

表 5—35 工资分配汇总表

2018 年 1 月 31 日

部门		生产成本	制造费用	管理费用	销售费用	合计
基本生产	清爽					
	纯生					
机修车间						
办公室						
财务部						
人事部						
计划部						
采购部						
仓储部						
销售部						
合计						

制单人：

业务 5—17

表 5—36 社会保险、住房公积金费用分配表

2018 年 1 月 31 日

借方账户		计提基础	社会保险费（29%）	住房公积金（5%）	合计
生产成本	清爽				
	纯生				
制造费用					
管理费用					
销售费用					
合计					

制单人：

业务 5—18

表 5—37 职工福利费、职工教育经费、工会经费分配表

2018 年 1 月 31 日

借方账户		计提基础	职工福利费（14%）	职工教育经费（2.5%）	工会经费 (2%)	合计
生产成本	清爽					
	纯生					
制造费用						
管理费用						
销售费用						
合计						

制单人：

业务 5—19

表 5—38　原材料费用表

编制单位：海南万泉河啤酒有限责任公司　　2018 年 1 月 31 日　　单位：元

应贷账户 应借账户	原材料					合计
	麦芽	啤酒花	清洗剂	消毒剂	胶水	
生产成本——清爽						
生产成本——纯生						
制造费用——机物料消耗						
合 计						

制单人：

表 5—39　原材料领料单汇总表

2018 年 1 月　　附件：　　张

领用部门	品名	数量（公斤）	单价	金额	用途
酿造车间	麦芽				
	啤酒花				
	消毒剂				
	清洗剂				
灌装车间	清洗剂				
	胶水				

制单人：

表 5—40　领料单

材料科目：材料　　编号：101

材料类别：原材料及主要材料　　收料仓库：材料库

领料部门：酿造车间　　2018 年 1 月 2 日

材料编号	材料名称	规格	计量单位	数量	单价	金额	备注
	啤酒花		公斤	80			生产清爽用
	麦芽		公斤	37,000			生产清爽用
	合计		公斤				

第二联　交财务

部门主管：丁亮　　保管员：冯荣　　记账员：刘悦　　领料人：王英

表 5—41 **领料单**

材料科目：材料　　编号：102
材料类别：原材料及主要材料　　收料仓库：材料库
领料部门：灌装车间　　2018 年 1 月 4 日

材料编号	材料名称	规格	计量单位	数量	单价	金额	备注
	清洗剂		公斤	100			生产一般耗用
	胶水		公斤	350			生产一般耗用
	合计						

第二联 交财务

部门主管：丁亮　　保管员：冯荣　　记账员：刘悦　　领料人：王英

表 5—42 **领料单**

材料科目：材料　　编号：107
材料类别：原材料及主要材料　　收料仓库：材料库
领料部门：酿造车间　　2018 年 1 月 12 日

材料编号	材料名称	规格	计量单位	数量	单价	金额	备注
	消毒剂		公斤	40			生产一般耗用
	清洗剂		公斤	500			生产一般耗用
	合计						

第二联 交财务

部门主管：丁亮　　保管员：冯荣　　记账员：刘悦　　领料人：王英

表 5—43 **领料单**

材料科目：材料　　编号：108
材料类别：原材料及主要材料　　收料仓库：材料库
领料部门：酿造车间　　2018 年 1 月 15 日

材料编号	材料名称	规格	计量单位	数量	单价	金额	备注
	啤酒花		公斤	110			生产纯生用
	麦芽		公斤	45,000			生产纯生用
	合计						

第二联 交财务

部门主管：丁亮　　保管员：冯荣　　记账员：刘悦　　领料人：王英

业务 5—20（注：上月已领用在产品纯生啤酒的包装物）

表 5—44 **包装物费用表**

编制单位：海南万泉河啤酒有限责任公司　　2018 年 1 月 31 日　　单位：元

应贷账户 / 应借账户	包装物					合计
	啤酒瓶	纯生标签	清爽标签	纯生纸箱	清爽纸箱	
生产成本——清爽						
生产成本——纯生						
销售费用						
合计						

制单人：

表 5—45

包装物领料单汇总表

2018 年 1 月　　附件：　张

领用部门	品名	数量	单价	金额	用途
灌装车间	啤酒瓶				
	清爽标签				
	纯生标签				
	清爽纸箱				
	纯生纸箱				
销售部	清爽纸箱				
	纯生纸箱				

制单人：

表 5—46

领料单

材料科目：材料　　编号：103
材料类别：原材料及主要材料　　收料仓库：材料库
领料部门：灌装车间　　2018 年 1 月 5 日

材料编号	材料名称	规格	计量单位	数量	单价	金额	备注
	纯生标签		套	480,000			生产纯生用
	啤酒瓶		个	480,000			生产纯生用
	纯生纸箱		个	40,000			生产纯生用
	合计						

第二联　交财务

部门主管：丁亮　　保管员：冯荣　　记账员：　　领料人：曹刚

表 5—47

领料单

材料科目：材料　　编号：109
材料类别：原材料及主要材料　　收料仓库：材料库
领料部门：灌装车间　　2018 年 1 月 15 日

材料编号	材料名称	规格	计量单位	数量	单价	金额	备注
	清爽标签		套	780,000			生产清爽用
	啤酒瓶		个	780,000			生产清爽用
	清爽纸箱		个	65,000			生产清爽用
	合计						

第二联　交财务

部门主管：丁亮　　保管员：冯荣　　记账员：　　领料人：曹刚

表 5—48 **领料单**

材料科目：材料　　编号：106
材料类别：原材料及主要材料　　收料仓库：材料库
领料部门：销售部　　2018 年 1 月 11 日

材料编号	材料名称	规格	计量单位	数量	单价	金额	备注
	清爽纸箱		个	2,000			不单独计价，促销用
	纯生纸箱		个	2,000			不单独计价，促销用
	合计						

第二联　交财务

部门主管：丁亮　保管员：冯荣　记账员：　领料人：李立

业务 5—21

表 5—49 **制造费用分配表**

2018 年 1 月

分配对象	分配标准（箱）	分配率	分配金额（元）
清爽	65,000	5.41	351,650.00
纯生	60,000	5.41	324,426.39
合计	125,000		676,076.39

制单人：刘悦

业务 5—22

表 5—50 **完工产品成本汇总表**

2018 年 1 月　　单位：元

产品名称	计量单位	入库数量（箱）	单位成本	总成本
清爽	箱	65,000		
纯生	箱	60,000		
合计		125,000		

制单人：

表 5—51 **完工产品与月末在产品成本分配表**

本月完工：65,000 箱
产品名称：清爽　　2018 年 1 月　　月末在产品：0 箱

摘要	直接材料	直接人工	制造费用	合计
月初在产品成本				
本月生产费用	1,014,611.20	55,205.00	351,650.00	1,421,466.20
生产费用合计	1,014,611.20	55,205.00	351,650.00	1,421,466.20
月末在产品成本				
产成品成本	1,014,611.20	55,205.00	351,650.00	1,421,466.20
单位成本	15.61	0.85	5.41	21.87

制单人：刘悦

表 5—52 完工产品与月末在产品成本分配表

本月完工：60,000 箱

产品名称：纯生 2018 年 1 月 月末在产品：40,000 箱

摘要	直接材料	直接人工	制造费用	合计
月初在产品成本	1,147,270.40			1,147,270.40
本月生产费用	754,760.40	52,612.50	324,426.39	1,131,799.29
生产费用合计	1,902,030.80	52,612.50	324,426.39	2,279,069.69
月末在产品成本	760,812.32			760,812.32
产成品成本	1,141,218.48	52,612.50	324,426.39	1,518,257.37
单位成本	19.02	0.88	5.40	25.30

制单人：刘悦

表 5—53 入库单

编号：201

类别：产成品 2018 年 1 月 6 日 仓库：成品库

产品编号	产品名称	规格	计量单位	数量	单价	金额	备注
	纯生啤酒		箱	60,000			完工入库
	合计						

第二联 交财务

部门主管：丁亮 保管员：冯荣 记账员：刘悦 领料人：符静

表 5—54 入库单

编号：202

类别：产成品 2018 年 1 月 17 日 仓库：成品库

产品编号	产品名称	规格	计量单位	数量	单价	金额	备注
	清爽啤酒		箱	65,000			完工入库
	合计						

第二联 交财务

部门主管：丁亮 保管员：冯荣 记账员：刘悦 领料人：符静

业务 5—23

表 5—55

付款（用款）申请单

日期：2018 年 1 月 31 日　　附件：1 张

<table>
<tr><td>收款单位名称</td><td colspan="5">李俊</td></tr>
<tr><td>开 户 行</td><td>海口工行</td><td>账号</td><td colspan="3">9558000080220004569</td></tr>
<tr><td>收 款 地 址</td><td>海口市</td><td>付款方式</td><td colspan="3">转账支票</td></tr>
<tr><td>申请付款金额</td><td colspan="5">（人民币大写）贰万肆仟肆佰零贰元整　　¥ 24,402.00</td></tr>
<tr><td>款 项 用 途</td><td colspan="5">职工食堂补贴</td></tr>
<tr><td>总经理</td><td>王帆</td><td>部门负责人</td><td>王雅</td><td>经办人</td><td>高山</td></tr>
</table>

财务经理：冯阳　　会计审核：张茜　　出纳：方荷

表 5—56

中国工商银行
转账支票存根

支票号码：089800223
科　　目＿＿＿＿＿＿
对方科目＿＿＿＿＿＿
出票日期 2018 年 1 月 31 日

收款人：李俊
金额：¥ 24,402.00
用途：职工食堂补贴
备注：＿＿＿＿＿＿

单位主管　　会计

项目 6　销售的核算

单项实训

一、企业会计核算规定

库存商品发出计价方法为月末一次加权平均法。

二、实训任务

下列给出各项业务的具体资料，请编制会计凭证，见表 6—1 至表 6—32。

业务 6—1

表 6—1

中国工商银行　**进账单**（收账通知）　3　№1227942

2018 年 1 月 6 日　第　号

付款人	全称	湖南锦发贸易有限公司	收款人	全称	海南万泉河啤酒有限责任公司
	账号	031279878		账号	589806688
	开户银行	工行长沙市兴城支行		开户银行	工行海口市金盘支行
人民币 （大写）玖拾捌万贰仟捌佰元整				千 百 十 万 千 百 十 元 角 分	¥ 9 8 2 8 0 0 0 0
票据种类	银行汇票				
票据张数	2				
单位主管　会计　复核　记账			中国工商银行 海口市金盘支行 2018.01.06 转讫		

此联是出票人开户银行交给收款人的收账通知

表 6—2

4600171320　　**海南增值税普通发票**　　№15605890

开票日期：2018 年 1 月 4 日

购买方	名称：	湖南锦发贸易有限公司	密码区				
	纳税人识别号：	914300100020035676					
	地址、电话：	长沙市人民路 235 号 32335669					
	开户银行及账号：	工行长沙市兴城支行 031279878					
货物或应税劳务、服务名称	规格型号	单位	数量	单价	金额	税率	税额
清爽啤酒		箱	30,000	28	840,000.00	17%	142,800.00
合计					840,000.00		142,800.00
价税合计（大写）	⊗ 玖拾捌万贰仟捌佰元整				（小写）¥982,800.00		
销售方	名称：	海南万泉河啤酒有限责任公司	备注				
	纳税人识别号：	914600100089806666					
	地址、电话：	海口市金盘大道 88 号 6819999					
	开户银行及账号：	工行海口市金盘支行 589806688					

第一联 记账联

收款人：　　复核：　　开票人：张茜　　销售方：（章）

业务 6—2

表 6—3

中国工商银行征税机关实时扣税业务客户回执
Industrial and Commercial Bank of China

付款方户名：海南万泉河啤酒有限责任公司
付款方账号：589806688
付款方开户行：211640
收款方户名：海口市地方税务局
收款方账号：37000000002278001
收款方开户行：国家金库海口市中心支库
入账日期：20180106　小写金额：503,686.43　　大写金额：伍拾万零叁仟陆佰捌拾陆元肆角叁分
纳税人全称及纳税人识别号：海南万泉河啤酒有限责任公司 914600100089806666

缴款书交易流水号：2018010557437386
税票号码：320180105000002464
税种：增值税　时期：20171201–20171231　金额：49,799.26
税种：消费税　时期：20171201–20171231　金额：408,097.50
税种：城建税　时期：20171201–20171231　金额：32,052.77
税种：教育费附加　时期：20171201–20171231　金额：13,736.90

打印日期：20180106　行号：–　打印柜员：9999　页码：[107]

业务 6—3

表 6—4

4600171130　　**海南增值税专用发票**　　№03344128

开票日期：2018 年 1 月 8 日

购买方	名称：	海南新兴公司			密码区			
	纳税人识别号：	914600100035058765						
	地址、电话：	海口市和平南路 56 号 6532338						
	开户银行及账号：	工行海口市和平南路支行 024517975						
货物或应税劳务、服务名称		规格型号	单位	数量	单价	金额	税率	税额
纯生啤酒			箱	30,000	35.00	1,050,000.00	17%	178,500.00
合计						1,050,000.00		178,500.00
价税合计（大写）		⊗ 壹佰贰拾贰万捌仟伍佰元整				（小写）¥1,228,500.00		
销售方	名称：	海南万泉河啤酒有限责任公司			备注			
	纳税人识别号：	914600100089806666						
	地址、电话：	海口市金盘大道 88 号 66819999						
	开户银行及账号：	工行海口市金盘支行 589806688						

收款人：　　复核：　　开票人：张茜　　销售方：（章）

第一联　记账联

表 6—5

银行承兑汇票

出票日期（大写）：贰零壹捌年零壹月零捌日　　1000010898123

出票人全称	海南新兴公司	收款人	全　称	海南万泉河啤酒有限责任公司
出票人账号	024517975		账　号	589806688
付款行全称	工行海口市和平南路支行		开户银行	工行海口市金盘支行
出票金额	壹佰贰拾叁万元整		亿 千 百 十 万 千 百 十 元 角 分	¥ 1 2 3 0 0 0 0 0 0
汇票到期日	贰零壹捌年零肆月零捌日	付款行	行　号	
承兑协议号			地　址	
本汇票请你行承兑，到期无条件付款 出票人签章	本汇票已经承兑，到期日由本行付款 承兑日期　2018 年 1 月 8 日　许辉 备注：			科目（借） 对方科目（贷） 转账　年　月　日 复核　记账

此联收款人开户行承受委托收款凭证寄付款行作借方凭证附件

表 6—6

中国工商银行
转账支票存根

支票号码：089800206
科　　目＿＿＿＿＿＿
对方科目＿＿＿＿＿＿
出票日期 2018 年 1 月 8 日

收款人：海口货运公司
金额：￥1,500.00
用途：代垫运费
备注：

单位主管　　　　会计

业务 6—4

表 6—7

4600171130　　　　海南增值税专用发票　　　　No03344129

开票日期：2018 年 1 月 12 日

购买方	名称：	徐闻贸易公司			密码区			
	纳税人识别号：	914408100075300012						
	地址、电话：	徐闻县发展大道 30 号 6906834						
	开户银行及账号：	工行徐闻曲界支行 148981456						
货物或应税劳务、服务名称		规格型号	单位	数量	单价	金额	税率	税额
纯生啤酒			箱	10,000	35.00	350,000.00	17%	59,500.00
清爽啤酒			箱	10,000	28.00	280,000.00	17%	47,600.00
合计						630,000.00		107,100.00
价税合计（大写）		⊗ 柒拾叁万柒仟壹佰元整				（小写）￥737,100.00		
销售方	名称：	海南万泉河啤酒有限责任公司			备注	现金折扣：2/10，1/20，n/30		
	纳税人识别号：	914600100089806666						
	地址、电话：	海口市金盘大道 88 号 66819999						
	开户银行及账号：	工行海口市金盘支行 589806688						

第一联 记账联

收款人：　　　复核：　　　开票人：张茜　　　销售方：（章）

海南万泉河啤酒有限责任公司 914600100089806666 发票专用章

业务 6—5

表 6—8

中国工商银行　**进账单**（收账通知）　3　№2116753

2018 年 1 月 12 日　第　号

付款人	全称	海口清运贸易公司	收款人	全称	海南万泉河啤酒有限责任公司											此联是出票人开户银行交给收款人的收账通知
	账号	247287124		账号	589806688											
	开户银行	中行海口市龙珠支行		开户银行	工行海口市金盘支行											
人民币（大写）贰拾万元整					千	百	十	万	千	百	十	元	角	分		
						¥	2	0	0	0	0	0	0	0		
票据种类	转账支票															
票据张数	1															
预付购货款 单位主管　会计　复核　记账				中国工商银行 海口市金盘支行 2018.01.12 转讫 收款单位开户行盖章												

业务 6—6

表 6—9

中国工商银行　**进账单**（收账通知）　3　№1228356

2018 年 1 月 13 日　第　号

付款人	全称	海口大福商贸行	收款人	全称	海南万泉河啤酒有限责任公司											此联是出票人开户银行交给收款人的收账通知
	账号	008980754		账号	589806688											
	开户银行	工行海南省分行		开户银行	工行海口市金盘支行											
人民币（大写）肆拾贰万捌仟元整					千	百	十	万	千	百	十	元	角	分		
						¥	4	2	8	0	0	0	0	0		
票据种类	转账支票															
票据张数	1															
付上月代销商品款 单位主管　会计　复核　记账				中国工商银行 海口市金盘支行 2018.01.13 转讫 收款单位开户行盖章												

业务 6—7

表 6—10

4600171130　　**海南增值税专用发票**　　№03344130

发　票　联　　开票日期：2018 年 1 月 17 日

购买方	名称：	海口清运贸易公司			密码区			
	纳税人识别号：	914601000035033475						
	地址、电话：	海口市滨海大道 16 号 68530123						
	开户银行及账号：	中行海口市龙珠支行 247287124						
货物或应税劳务、服务名称		规格型号	单位	数量	单价	金额	税率	税额
清爽啤酒			箱	40,000	28.00	1,120,000.00	17%	190,400.00
合计						1,120,000.00		190,400.00
价税合计（大写）		⊗ 壹佰叁拾壹万零肆佰元整				（小写）¥1,310,400.00		
销售方	名称：	海南万泉河啤酒有限责任公司			备注	已预收 20 万元货款		
	纳税人识别号：	914600100089806666						
	地址、电话：	海口市金盘大道 88 号 66819999						
	开户银行及账号：	工行海口市金盘支行 589806688						

收款人：　　复核：　　开票人：张茜　　销售方：（章）

第一联　记账联

（印章：海南万泉河啤酒有限责任公司 914600100089806666 发票专用章）

表 6—11

中国工商银行　**进账单**（收账通知）　3　　№ 2116764

2018 年 1 月 17 日　　第　　号

付款人	全称	海口清运贸易公司	收款人	全称	海南万泉河啤酒有限责任公司										
	账号	247287124		账号	589806688										
	开户银行	中行海口市龙珠支行		开户银行	工行海口市金盘支行										
人民币（大写）壹佰壹拾壹万零肆佰元整					千	百	十	万	千	百	十	元	角	分	
					¥	1	1	1	0	4	0	0	0	0	
票据种类	转账支票														
票据张数	1														
补付购货款 单位主管　会计　复核　记账				收款人开户行盖章											

此联是出票人开户银行交给收款人的收账通知

（印章：中国工商银行 海口市金盘支行 2018.01.17 转讫）

业务 6—8　1 月 20 日，收到海口清运公司退回的本月销售清爽啤酒 4,000 箱，并开出转账支票归还货款。请填制红字出库单并开具红字增值税专用发票。

表 6—12

中国工商银行
转账支票存根

支票号码：089800214
科　　目______________
对方科目______________
出票日期 2018 年 1 月 20 日

收款人：海口清运贸易公司
金额：¥ 131,040.00
用途：退货款
备注：______________

单位主管　　　　会计

表 6—13

企业进货退出及索取折让证明单　　1

（2018）乙　　NO.00000266

<table>
<tr><td rowspan="2">销货单位</td><td>全称</td><td colspan="5">海南万泉河啤酒有限责任公司</td></tr>
<tr><td>税务登记号</td><td colspan="5">914600100089806666</td></tr>
<tr><td rowspan="4">进货退出</td><td>货物名称</td><td>单价</td><td>数量</td><td colspan="2">货款</td><td>税额</td></tr>
<tr><td>清爽啤酒</td><td>28.00</td><td>4,000</td><td colspan="2">112,000.00</td><td>19,040.00</td></tr>
<tr><td></td><td></td><td></td><td colspan="2"></td><td></td></tr>
<tr><td></td><td></td><td></td><td colspan="2"></td><td></td></tr>
<tr><td rowspan="4">索取折让</td><td rowspan="2">货物名称</td><td rowspan="2">货款</td><td rowspan="2">税额</td><td colspan="3">要求</td></tr>
<tr><td colspan="2">折让金额</td><td>折让税额</td></tr>
<tr><td></td><td></td><td></td><td colspan="2"></td><td></td></tr>
<tr><td></td><td></td><td></td><td colspan="2"></td><td></td></tr>
<tr><td rowspan="2">退货或索取折让理由</td><td colspan="2">经办人：刘平　单位盖章：（海南万泉河啤酒有限责任公司）</td><td rowspan="2">税务征收机关签章</td><td colspan="3">经办人：李兰　单位盖章：（海南省海口市国家税务局 征税专用章）</td></tr>
<tr><td colspan="2">2018 年 1 月 19 日</td><td colspan="3">2018 年 1 月 19 日</td></tr>
<tr><td rowspan="2">购货单位</td><td colspan="2">全称</td><td colspan="4">海口清运贸易公司</td></tr>
<tr><td colspan="2">税务登记号</td><td colspan="4">914601000035033475</td></tr>
</table>

本证明单一式三联

表 6—14 出库单

编号：105

类别：产成品　　　　年　月　日　　　　仓库：成品库

产品编号	产品名称	规格	计量单位	数量	单价	金额	备注
	合计						

第二联 交财务

部门主管：丁亮　　保管员：冯荣　　记账员：　　制单：

表 6—15

4600171130　　海南增值税专用发票　　№03344131

开票日期：　年　月　日

购买方	名称：		密码区	
	纳税人识别号：			
	地址、电话：			
	开户银行及账号：			

货物或应税劳务、服务名称	规格型号	单位	数量	单价	金额	税率	税额
价税合计（大写）					（小写）		

销售方	名称：		备注	
	纳税人识别号：			
	地址、电话：			
	开户银行及账号：			

第一联 记账联

收款人：　　复核：　　开票人：　　销售方：（章）

业务 6—9

表 6—16

中国工商银行 **进账单**（收账通知） 3　　№1236572

2018年1月23日　　第　号

付款人	全称	海口安杰商贸有限公司	收款人	全称	海南万泉河啤酒有限责任公司
	账号	7788553361		账号	589806688
	开户银行	工行海口市秀英支行		开户银行	工行海口市金盘支行

人民币（大写）肆万元整	千	百	十	万	千	百	十	元	角	分
			¥	4	0	0	0	0	0	0

票据种类	转账支票	
票据张数	1	
付运输费用		
单位主管　会计　复核　记账		收款人开户行盖章

此联是出票人开户银行交给收款人的收账通知

表 6—17

4600171130　　海南增值税专用发票　　№03344132

开票日期：2018 年 1 月 23 日

<table>
<tr><td rowspan="4">购买方</td><td>名称：</td><td colspan="4">海口安杰商贸有限公司</td><td rowspan="4">密码区</td><td colspan="3" rowspan="4"></td></tr>
<tr><td>纳税人识别号：</td><td colspan="4">914600100089806688</td></tr>
<tr><td>地址、电话：</td><td colspan="4">海口市秀英路 37 号 67849944</td></tr>
<tr><td>开户银行及账号：</td><td colspan="4">工行海口市秀英支行 7788553361</td></tr>
<tr><td colspan="2">货物或应税劳务、服务名称</td><td>规格型号</td><td>单位</td><td>数量</td><td>单价</td><td></td><td>金额</td><td>税率</td><td>税额</td></tr>
<tr><td colspan="2">运费</td><td></td><td></td><td></td><td></td><td></td><td>36,036.04</td><td>11%</td><td>3,963.96</td></tr>
<tr><td colspan="2">合计</td><td></td><td></td><td></td><td></td><td></td><td>36,036.04</td><td></td><td>3,963.96</td></tr>
<tr><td colspan="2">价税合计（大写）</td><td colspan="8">⊗ 肆万元整　　（小写）¥ 40,000.00</td></tr>
<tr><td rowspan="4">销售方</td><td>名称：</td><td colspan="4">海南万泉河啤酒有限责任公司</td><td rowspan="4">备注</td><td colspan="3" rowspan="4">海南万泉河啤酒有限责任公司
914600100089806666
发票专用章</td></tr>
<tr><td>纳税人识别号：</td><td colspan="4">914600100089806666</td></tr>
<tr><td>地址、电话：</td><td colspan="4">海口市金盘大道 88 号 66819999</td></tr>
<tr><td>开户银行及账号：</td><td colspan="4">工行海口市金盘支行 589806688</td></tr>
</table>

收款人：　　复核：　　开票人：张茜　　销售方：（章）

第一联 记账联

业务 6—10

表 6—18

中国工商银行　资金划拨补充凭证（贷方回单）

收报日期 :2018-1-25

行名：工行海口市金盘支行
业务种类：汇兑
收款人账号：589806688　　付款人账号：148981456
收款人户名：海南万泉河啤酒有限责任公司　　付款人户名：徐闻贸易公司
大写金额：柒拾叁万零捌佰元整
小写金额：730,800.00
发报流水号：00401945　　收报流水号：517002756
发报行行号：00382512　　收报行行号：311130000
打印日期：2018-1-25
用途：购货款　　付款类型：非延期付款
客户附言：
银行附言：

中国工商银行 海口市金盘支行 2018.01.25 转讫

业务 6—11

表 6—19

中国工商银行　资金划拨补充凭证（贷方回单）

收报日期 :2018-1-27

行名：工行海口市金盘支行

业务种类：汇兑

收款人账号：589806688　　付款人账号：148980754

收款人户名：海南万泉河啤酒有限责任公司　　付款人户名：湛江康乐有限责任公司

大写金额：壹拾万元整

小写金额：100,000.00

发报流水号：00401945　　收报流水号：517002756

发报行行号：00382512　　收报行行号：311130000

打印日期：2018-1-27

用途：预付购货款　　付款类型：非延期付款

客户附言：

银行附言：

（印章：中国工商银行 海口市金盘支行 2018.01.27 转讫）

业务 6—12

表 6—20

4600171130　　**海南增值税专用发票**　　No03344133

开票日期：2018 年 1 月 28 日

购买方	名称：	广西宏达公司			密码区			
	纳税人识别号：	914501035035433789						
	地址、电话：	北海市解放路 1 号 27435176						
	开户银行及账号：	工行北海市支行 5608980679						
货物或应税劳务、服务名称		规格型号	单位	数量	单价	金额	税率	税额
纯生啤酒			箱	10,000	35.00	350,000.00	17%	59,500.00
合计						350,000.00		59,500.00
价税合计（大写）		⊗ 肆拾万零玖仟伍佰元整				（小写）¥409,500.00		
销售方	名称：	海南万泉河啤酒有限责任公司			备注			
	纳税人识别号：	914600100089806666						
	地址、电话：	海口市金盘大道 88 号 66819999						
	开户银行及账号：	工行海口市金盘支行 589806688						

第一联　记账联

收款人：　　复核：　　开票人：张茜　　销售方：（章）

（印章：海南万泉河啤酒有限责任公司 914600100089806666 发票专用章）

表 6—21

委电

委托收款凭证（回单）　1　委收号码　第　号

委托日期：2018 年 1 月 28 日　　付款期限：3 日

<table>
<tr><td rowspan="3">付款人</td><td>全称</td><td>广西宏达公司</td><td rowspan="3">收款人</td><td>全称</td><td colspan="10">海南万泉河啤酒有限责任公司</td><td rowspan="8">此联收款人开户行给收款人的回单</td></tr>
<tr><td>账号</td><td>5608980679</td><td>账号</td><td colspan="10">589806688</td></tr>
<tr><td>开户银行</td><td>工行北海支行</td><td>开户银行</td><td colspan="10">工行海口市金盘支行</td></tr>
<tr><td rowspan="2">托收金额</td><td colspan="4" rowspan="2">人民币
（大写）肆拾万玖仟伍佰元整</td><td>千</td><td>百</td><td>十</td><td>万</td><td>千</td><td>百</td><td>十</td><td>元</td><td>角</td><td>分</td></tr>
<tr><td></td><td>¥</td><td>4</td><td>0</td><td>9</td><td>5</td><td>0</td><td>0</td><td>0</td><td>0</td></tr>
<tr><td>款项内容</td><td>销售商品</td><td>委托收款凭据名称</td><td colspan="2">增值税专用发票</td><td colspan="5">附寄单据张数</td><td colspan="5">2</td></tr>
<tr><td colspan="3">备注：
电划</td><td colspan="2">款项收妥日期
年　月　日</td><td colspan="10">收款人开户银行盖章
2018 年 1 月 28 日</td></tr>
</table>

中国工商银行 海口市金盘支行 2018.01.28 业务清讫

单位主管　　会计　　复核　　记账

业务 6—13

表 6—22

4600171320　　**海南增值税普通发票**　　No15605890

全国统一发票监制章 海南 国家税务总局监制

发　票　联　　开票日期：2018 年 1 月 23 日

<table>
<tr><td rowspan="4">购买方</td><td>名称：</td><td colspan="3">海南万泉河啤酒有限责任公司</td><td rowspan="4">密码区</td><td colspan="4" rowspan="4"></td><td rowspan="10">第二联 发票联</td></tr>
<tr><td>纳税人识别号：</td><td colspan="3">914600100089806666</td></tr>
<tr><td>地址、电话：</td><td colspan="3">海口市金盘大道 88 号 66819999</td></tr>
<tr><td>开户银行及账号：</td><td colspan="3">工行海口市金盘支行 589806688</td></tr>
<tr><td colspan="2">货物或应税劳务、服务名称</td><td>规格型号</td><td>单位</td><td>数量</td><td>单价</td><td>金额</td><td>税率</td><td>税额</td></tr>
<tr><td colspan="2">广告费

合计</td><td></td><td></td><td>1</td><td>19,417.48</td><td>19,417.48

19,417.48</td><td>3%</td><td>582.52

582.52</td></tr>
<tr><td colspan="2">价税合计（大写）</td><td colspan="7">⊗ 贰万元整　　（小写）¥ 20,000.00</td></tr>
<tr><td rowspan="4">销售方</td><td>名称：</td><td colspan="3">海口海天广告公司</td><td rowspan="4">备注</td><td colspan="4" rowspan="4">海口海天广告公司 914600100089801568 发票专用章</td></tr>
<tr><td>纳税人识别号：</td><td colspan="3">914600100089801568</td></tr>
<tr><td>地址、电话：</td><td colspan="3">海口市金盘大道 2 号 66810076</td></tr>
<tr><td>开户银行及账号：</td><td colspan="3">工行海口市金盘支行 589817632</td></tr>
</table>

收款人：　　复核：　　开票人：夏宇　　销售方：（章）

表 6—23

中国工商银行
转账支票存根

支票号码：089800221
科　　目＿＿＿＿＿＿
对方科目＿＿＿＿＿＿
出票日期 2018 年 1 月 28 日

收款人：海口海天广告公司
金额：¥ 20,000.00
用途：广告费
备注：

单位主管　　　　会计

业务 6—14

表 6—24

销售成本计算表

2018 年 1 月

产品名称	计量单位	数量	单位成本	金额	备注
清爽	箱				
纯生	箱				
合计					

表 6—25

出库单

编号：101

类别：产成品　　　　2018 年 1 月 4 日　　　　仓库：成品库

产品编号	产品名称	规格	计量单位	数量	单价	金额	备注
	清爽啤酒		箱	30,000			
	合计						

第二联　交财务

部门主管：丁亮　　保管员：冯荣　　记账员：　　制单：何丽

表 6—26　　出库单

编号：102

类别：产成品　　2018 年 1 月 8 日　　仓库：成品库

产品编号	产品名称	规格	计量单位	数量	单价	金额	备注
	纯生啤酒		箱	30,000			
	合计						

第二联　交财务

部门主管：丁亮　　保管员：冯荣　　记账员：　　制单：何丽

表 6—27　　出库单

编号：103

类别：产成品　　2018 年 1 月 12 日　　仓库：成品库

产品编号	产品名称	规格	计量单位	数量	单价	金额	备注
	纯生啤酒		箱	10,000			
	清爽啤酒		箱	10,000			
	合计			20,000			

第二联　交财务

部门主管：丁亮　　保管员：冯荣　　记账员：　　制单：何丽

表 6—28　　出库单

编号：104

类别：产成品　　2018 年 1 月 17 日　　仓库：成品库

产品编号	产品名称	规格	计量单位	数量	单价	金额	备注
	清爽啤酒		箱	40,000			
	合计						

第二联　交财务

部门主管：丁亮　　保管员：冯荣　　记账员：　　制单：何丽

表 6—29　　出库单

编号：106

类别：产成品　　2018 年 1 月 28 日　　仓库：成品库

产品编号	产品名称	规格	计量单位	数量	单价	金额	备注
	纯生啤酒		箱	10,000			
	合计						

第二联　交财务

部门主管：丁亮　　保管员：冯荣　　记账员：　　制单：何丽

业务 6—15　计算销售商品相关税费。

表 6—30　　增值税税额计算表

2018 年 1 月

项目	行次	金额
销项税额	1	
进项税额转出	2	
进项税额	3	
本月应交增值税	4=1+2–3	
期初留抵税额	5	
本月预交增值税	6	
本月应交未交增值税	7=4–5–6	

表 6—31　　消费税税额计算表

2018 年 1 月

产品名称	销售量（箱）	销售量（吨）	税率（元 / 吨）	应交消费税额
清爽				
纯生				
合计				

注：1 吨啤酒 =988 升

清爽销售量 =（　　）箱 ×12 瓶 / 箱 ×0.64 升 / 瓶 ÷988=（　　）吨

纯生销售量 =（　　）箱 ×12 瓶 / 箱 ×0.64 升 / 瓶 ÷988=（　　）吨

表 6—32　　城市维护建设税、教育费附加计算表

2018 年 1 月

项目	行次	金额
增值税额	1	
消费税额	2	
流转税额	3=1+2	
应交城市维护建设税	4=3×7%	
应交教育费附加	5=3×3%	

项目 7　对外投资的核算

单项实训

一、企业会计核算规定

交易性金融资产年末按照公允价值计量。

二、实训任务

下列给出各项业务的具体资料，请编制会计凭证，见表 7—1 至表 7—6。

业务 7—1

表 7—1　　付款（用款）申请单

日期：2018 年 1 月 15 日　　附件：1 张

收款单位名称	海通证券海口营业部				
开　户　行	工行海口市新华支行	资金账号	20960825		
收　款　地　址	海口市	付款方式	转账支票		
申请付款金额	（人民币大写）壹佰万元整　¥ 1,000,000.00				
款　项　用　途	购金融证券				
总经理	王帆	部门负责人	王雅	经办人	李英

财务经理：冯阳　　会计审核：张茜　　出纳：方荷

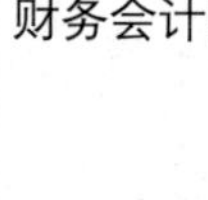

表 7—2

中国工商银行
转账支票存根

支票号码：089800210

科　　目______________

对方科目______________

出票日期 2018 年 1 月 15 日

收款人：海通证券海口营业部

金额：￥1,000,000.00

用途：购金融证券

备注：______________

单位主管　　　　会计

业务 7—2

表 7—3　　　　海通证券海口营业部交易单

客户名称：海南万泉河啤酒有限责任公司

日期	股东账号	股票代码	证券名称	业务标志	发生数量	成交价	佣金	其他费	印花税	交易金额	资金余额
180115	××	××	国债	买入	5,000	500,000.00	100.00			500,100.00	1,077,920.00

业务 7—3

表 7—4　　　　海通证券海口营业部交易单

客户名称：海南万泉河啤酒有限责任公司

日期	股东账号	股票代码	证券名称	业务标志	发生数量	成交价	佣金	其他费	印花税	交易金额	资金余额
180118	××	××	海马股票	卖出	5,000	11.00	165.00		55.00	54,780.00	1,132,700.00

业务 7—4

表 7—5　　　　海通证券海口营业部交易单

客户名称：海南万泉河啤酒有限责任公司

日期	股东账号	股票代码	证券名称	业务标志	发生数量	成交价	佣金	其他费	印花税	交易金额	资金余额
180121	××	××	罗牛山股票	买入	20,000	10.00	600.00			200,600.00	932,100.00

业务 7—5

表 7—6

中国工商银行 **进账单**（回单） 1

No1227941

2018 年 1 月 21 日

第 号

付款人	全称	海通证券海口营业部	收款人	全称	海南万泉河啤酒有限责任公司
	账号	20960825		账号	589806688
	开户银行	工行海口市新华支行		开户银行	工行海口市金盘支行

人民币（大写）叁拾万元整	千	百	十	万	千	百	十	元	角	分
		¥	3	0	0	0	0	0	0	0

票据种类	转账支票
票据张数	1 张

中国工商银行
海口市金盘支行
2018.01.21
转讫

单位主管 会计 复核 记账

出票人开户行盖章

此联是出票人开户银行交给出票人的回单

项目 8　会计期末处理的核算

单项实训

一、企业会计核算规定

1. 采用“永续盘存制”确定实物的账存数。
2. 采用应收账款余额百分比法估计坏账损失。
3. 损益类账户的结转采用账结法。

二、实训任务

要求：根据下列业务的具体资料，编制会计凭证，见表 8—1 至表 8—4。

业务 8—1　收回 2017 年 2 月已核销的重庆大兴贸易有限公司坏账。

表 8—1

中国工商银行　**进账单**（收账通知）3　№1227941

2018 年 1 月 18 日　第　号

付款人	全称	重庆大兴贸易有限公司	收款人	全称	海南万泉河啤酒有限责任公司										此联是出票人开户银行交给收款人的收账通知
	账号	602396082		账号	589806688										
	开户银行	工行重庆市江北支行		开户银行	工行海口市金盘支行										
人民币（大写）陆仟元整					千	百	十	万	千	百	十	元	角	分	
								¥	6	0	0	0	0	0	
票据种类			中国工商银行 海口市金盘支行 2018.01.18 转讫												
票据张数															
单位主管　会计　复核　记账			收款人开户行盖章												

业务 8—2

表 8—2

关于坏账损失的说明

财务部：

广东诚运公司欠我公司货款人民币壹拾捌万元整（￥180,000.00）超出三年，年末已计提坏账准备。该公司现已宣告破产，遂我公司确认坏账损失，预计金额为人民币肆万元整（￥40,000.00）。

特此说明。

主管会计：张茜

2018 年 1 月 29 日

同意处理意见

冯阳　　2018 年 1 月 29 日

业务 8—3

表 8—3　　**库存现金盘点报告表**

2018 年 1 月 29 日

实存金额	账存金额	实存与账存对比结果		备注
		盘盈	盘亏	
16,000	16,300		300	

盘点人（签章）：张茜、刘悦　　出纳员（签章）：方荷

业务 8—4

表 8—4

关于现金盘点短款的处理意见

财务部：

1 月 29 日下午，在公司例行现金清查工作中，会计张茜、刘悦盘点了库存现金，发现库存现金实有数比库存现金日记账余额少人民币叁佰元整（￥300.00）。经查明，公司无责任，责成出纳方荷赔偿。

特此说明。

清查人：张茜、刘悦

2018 年 1 月 30 日

同意处理意见

冯阳　　2018 年 1 月 30 日

业务 8—5 1 月 31 日，将损益类账户转入“本年利润”账户。

业务 8—6 1 月 31 日，按业务发生时间顺序整理项目 1 至项目 8 相关业务的记账凭证，登记有关日记账、明细账。

业务 8—7 1 月 31 日，编制科目汇总表并登记总账。

业务 8—8 1 月 31 日，月末结账。

项目 9　会计报表的编制

单项实训

实训任务

业务 9—1　根据会计账簿编制 2018 年 1 月份的利润表（见表 9—1）。

业务 9—2　根据会计账簿编制 2018 年 1 月 31 日的资产负债表（见表 9—2）。

业务 9—3　根据会计账簿编制 2018 年 1 月份的现金流量表（见表 9—3）。

表 9—1 **利润表**

会企 02 表

编制单位： 年 月 单位：元

项 目	本期金额	本年累计金额
一、营业收入		
减：营业成本		
税金及附加		
销售费用		
管理费用		
财务费用		
资产减值损失		
加：公允价值变动收益（损失以“-”号填列）		
投资收益（损失以“-”号填列）		
其中：对联营企业和合营企业的投资收益		
其他收益		
二、营业利润（亏损以“-”号填列）		
加：营业外收入		
减：营业外支出		
三、利润总额（亏损总额以“-”号填列）		
减：所得税费用		
四、净利润（净亏损以“-”号填列）		
五、其他综合收益的税后净额		
（一）以后不能重分类进损益的其他综合收益		
（二）以后将重分类进损益的其他综合收益		
六、综合收益总额		
七、每股收益		
（一）基本每股收益		
（二）稀释每股收益		

表 9—2

资产负债表

会企 01 表

编制单位：　　　　　　　　　年　月　日　　　　　　　　单位：元

资产	期末余额	年初余额	负债及所有者权益	期末余额	年初余额
流动资产：			**流动负债：**		
货币资金			短期借款		
以公允价值计量且其变动计入当期损益的金融资产			以公允价值计量且其变动计入当期损益的金融负债		
衍生金融资产			衍生金融负债		
应收票据			应付票据		
应收账款			应付账款		
预付款项			预收款项		
应收利息			应付职工薪酬		
应收股利			应交税费		
其他应收款			应付利息		
存货			应付股利		
持有待售资产			其他应付款		
一年内到期的非流动资产			持有待售负债		
其他流动资产			一年内到期的非流动负债		
流动资产合计			其他流动负债		
非流动资产：			**流动负债合计**		
以摊余成本计量的金融资产			**非流动负债：**		
以公允价值计量且其变动计入其他综合收益的金融资产			长期借款		
长期应收款			应付债券		
长期股权投资			长期应付款		
投资性房地产			专项应付款		
固定资产			预计负债		
在建工程			递延收益		
工程物资			递延所得税负债		
固定资产清理			其他非流动负债		
生产性生物资产			**非流动负债合计**		
油气资产			**负债合计**		
无形资产			**所有者权益：**		
开发支出			实收资本（或股本）		
商誉			资本公积		
长期待摊费用			减：库存股		
递延所得税资产			其他综合收益		
其他非流动资产			盈余公积		
非流动资产合计			未分配利润		
			所有者权益合计		
资产总计			**负债及所有者权益总计**		

表 9—3　　现金流量表

会企 03 表

编制单位：　　年　月　　单位：元

项　目	本期金额	上期金额
一、经营活动产生的现金流量：		
销售商品、提供劳务收到的现金		
收到的税费返还		
收到其他与经营活动有关的现金		
经营活动现金流入小计		
购买商品、接受劳务支付的现金		
支付给职工以及为职工支付的现金		
支付的各项税费		
支付其他与经营活动有关的现金		
经营活动现金流出小计		
经营活动产生的现金流量净额		
二、投资活动产生的现金流量：		
收回投资收到的现金		
取得投资收益收到的现金		
处置固定资产、无形资产和其他长期资产收回的现金净额		
处置子公司及其他营业单位收到的现金净额		
收到其他与投资活动有关的现金		
投资活动现金流入小计		
购建固定资产、无形资产和其他长期资产支付的现金		
投资支付的现金		
取得子公司及其他营业单位支付的现金净额		
支付其他与投资活动有关的现金		
投资活动现金流出小计		
投资活动产生的现金流量净额		
三、筹资活动产生的现金流量：		
吸收投资收到的现金		
取得借款收到的现金		
收到其他与筹资活动有关的现金		
筹资活动现金流入小计		
偿还债务支付的现金		
分配股利、利润或偿付利息支付的现金		
支付其他与筹资活动有关的现金		
筹资活动现金流出小计		
筹资活动产生的现金流量净额		
四、汇率变动对现金及现金等价物的影响		
五、现金及现金等价物净增加额		
加：期初现金及现金等价物余额		
六、期末现金及现金等价物余额		

下篇

会计核算业务综合实训

图 1 所示为企业财务部门的会计人员利用科目汇总表进行账务处理的流程，涵盖了本书项目 1 至项目 9 所涉及的财务会计单项会计业务的账务处理。图中序号表示账务处理的顺序。

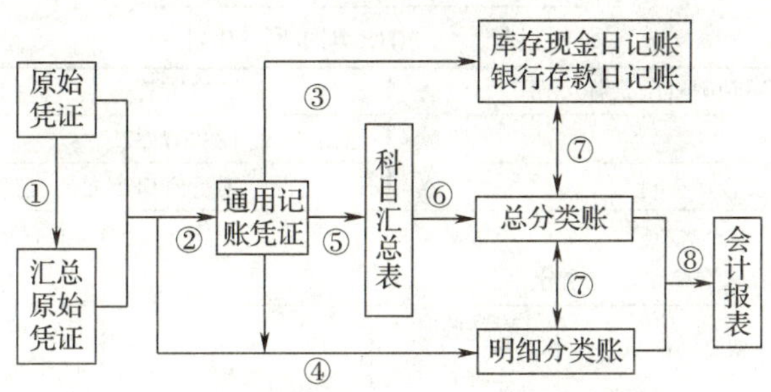

图 1　科目汇总表账务处理流程图

①根据需要将原始凭证汇总，编制汇总原始凭证。

②根据原始凭证、汇总原始凭证编制通用记账凭证。

③根据通用记账凭证中涉及库存现金、银行存款的业务登记库存现金、银行存款日记账。

④根据通用记账凭证以及所附原始凭证或汇总原始凭证登记各种明细分类账。

⑤根据通用记账凭证编制科目汇总表。

⑥根据科目汇总表登记总分类账。

⑦将库存现金日记账、银行存款日记账、各种明细分类账与总分类账相核对。

⑧根据总分类账和明细分类账编制会计报表。

综合实训

一、要求

1. 根据下列各项业务的具体资料（见表 1 至表 86），填制记账凭证。
2. 根据填制、审核后的记账凭证登记日记账、明细账簿。
3. 账证核对、账账核对，并进行错账更正。
4. 采用科目汇总表账务处理程序登记总账。
5. 结账。
6. 编制会计报表（见表 87 至表 89）。

二、具体业务

业务 1　2018 年 2 月 1 日，月初冲回上月末暂估入账的啤酒瓶（注：1 月 28 日向中山市玻璃瓶厂采购的 100 万个啤酒瓶验收入库，但发票尚未到）。

业务 2

表 1

委电　　**委托收款　凭证（付款通知）　5**　　委托号码　第　号

委托日期　2018 年 1 月 30 日　　付款期限 3 日

<table>
<tr><td rowspan="3">付款人</td><td>全　称</td><td>海南万泉河啤酒有限责任公司</td><td rowspan="3">收款人</td><td>全　称</td><td colspan="11">海口市管道燃气公司</td></tr>
<tr><td>账　号</td><td>589806688</td><td>账　号</td><td colspan="11">188807132</td></tr>
<tr><td>开户银行</td><td>工行海口市金盘支行</td><td>开户银行</td><td colspan="11">工行海口市海甸支行</td></tr>
<tr><td rowspan="2">托收金额</td><td colspan="4" rowspan="2">人民币
（大写）肆万玖仟壹佰玖拾叁元壹角捌分</td><td>千</td><td>百</td><td>十</td><td>万</td><td>千</td><td>百</td><td>十</td><td>元</td><td>角</td><td>分</td></tr>
<tr><td></td><td></td><td>¥</td><td>4</td><td>9</td><td>1</td><td>9</td><td>3</td><td>1</td><td>8</td></tr>
<tr><td>款项内容</td><td>支付燃气费</td><td>委托收款凭据名称</td><td></td><td colspan="3">附寄单据张数</td><td colspan="9"></td></tr>
<tr><td colspan="3">备注：
电划
中国工商银行 海口市金盘支行 2018.02.02 转讫</td><td colspan="13">付款人注意：
1. 根据结算办法，上列委托收款如在付款期限内未拒付时，即视同全部同意付款，以此联代付款通知。
2. 如需提前付款或多付款时，应另写书面通知送银行办理。
3. 如系全部或部分拒付，应在付款期限内另填拒绝付款理由书送银行办理。</td></tr>
</table>

此联是付款人开户行通知付款人按期承付通知

单位主管　　会计　　复核　　记账　　付款人开户银行收到日期 2018 年 2 月 2 日

业务 3

表 2

费用报销单

报销日期：2018 年 2 月 3 日　　附件：1 张

<table>
<tr><td>费用项目</td><td>类别</td><td>金额</td><td rowspan="2">总经理（签字）</td><td rowspan="2">王帆</td></tr>
<tr><td>餐费</td><td>招待费用</td><td>800.00</td></tr>
<tr><td></td><td></td><td></td><td rowspan="2">部门（签字）</td><td rowspan="2">刘波</td></tr>
<tr><td></td><td>现金付讫</td><td></td></tr>
<tr><td></td><td></td><td></td><td rowspan="2">报销人（签字）</td><td rowspan="2">朱军</td></tr>
<tr><td></td><td></td><td></td></tr>
<tr><td>报销金额合计</td><td></td><td>¥ 800.00</td><td colspan="2"></td></tr>
<tr><td colspan="5">核实金额（大写）捌佰元整　　¥ 800.00</td></tr>
<tr><td colspan="5">借款金额：　　应退金额：　　应补金额：</td></tr>
</table>

财务经理：冯阳　　会计审核：张茜　　出纳：方荷

表 3

4600171320 **海南增值税普通发票** №21182301

发 票 联 开票日期：2018 年 01 月 27 日

购买方	名称：	海南万泉河啤酒有限责任公司	密码区	
	纳税人识别号：	914600100089806666		
	地址、电话：	海口市金盘大道 88 号 66819999		
	开户银行及账号：	工行海口市金盘支行 589806688		

货物或应税劳务、服务名称	规格型号	单位	数量	单价	金额	税率	税额
餐费					776.70	3%	23.30
合计					776.70		23.30
价税合计（大写）	⊗捌佰元整				（小写）¥ 800.00		

销售方	名称：	海口新鱿海鲜酒店	备注	海口新鱿海鲜酒店 914600100089003478 发票专用章
	纳税人识别号：	914600100089003478		
	地址、电话：	海口市板桥路 2 号 56378954		
	开户银行及账号：	交行海口市龙昆南支行 0024546788		

第二联 发票联

收款人： 复核： 开票人：李芳 销售方：（章）

业务 4

表 4 **付款（用款）申请单**

日期：2018 年 2 月 3 日

收款单位名称	中山市玻璃瓶厂				
开户行	工行中山市支行		账号	645010801	
收款地址	中山市		付款方式	电汇	
申请付款金额	（人民币大写）玖拾叁万陆仟元整 ¥ 936,000.00				
款项用途	付购啤酒瓶款				
总经理	张杰	部门负责人	程斌	经办人	孙跃

财务经理：冯阳 会计：张茜 出纳：方荷

表 5

4401171130　　　　广东增值税专用发票　　　　№03643280

发　票　联　　　　开票日期：2018 年 2 月 1 日

购买方	名称：	海南万泉河啤酒有限责任公司			密码区			
	纳税人识别号：	914600100089806666						
	地址、电话：	海口市金盘大道 88 号 66819999						
	开户银行及账号：	工行海口市金盘支行 589806688						
货物或应税劳务、服务名称	规格型号	单位	数量	单价	金额	税率	税额	
啤酒瓶		支	1,000,000	0.80	800,000.00	17%	136,000.00	
合计					800,000.00		136,000.00	
价税合计（大写）	⊗玖拾叁万陆仟元整				（小写）¥936,000.00			
销售方	名称：	中山市玻璃瓶厂			备注			
	纳税人识别号：	914420100089801234						
	地址、电话：	中山市长江路 2 号 6466112						
	开户银行及账号：	工行中山市支行 645010801						

第二联　发票联

中山市玻璃瓶厂
914420100089801234
发票专用章

收款人：　　　复核：　　　开票人：赵刚　　　销售方：（章）

表 6

中国工商银行　**电汇凭证**（回单）　　1　　№0288649

委托日期　2018 年 2 月 3 日　　　　第　号

汇款人	全称	海南万泉河啤酒有限责任公司			收款人	全称	中山市玻璃瓶厂	
	账号或住址	589806688				账号或住址	645010801	
	汇出地点	海口	汇出行名称	工行海口市金盘支行		汇入地点	中山市	汇入行名称：工行中山市支行

金额	人民币（大写）玖拾叁万陆仟元整	千	百	十	万	千	百	十	元	角	分
			¥	9	3	6	0	0	0	0	0

汇款用途：付啤酒瓶款	（汇出行盖章）
上列款项已根据委托办理，如需查询，请持此回单来行面洽。	中国工商银行 海口市金盘支行 2018.02.03 转讫
单位主管　　会计　　出纳　　记账	年　月　日

此联给汇款人的回单

表 7　　收料单

材料科目：辅助材料　　编号：013
材料类别：包装物　　收料仓库：材料库
供应单位：中山市玻璃瓶厂　　2018 年 1 月 28 日　　发票号码：

材料编号	材料名称	规格	计量单位	数量		实际价格				计划价格	
				应收	实收	单价	发票金额	运费	合计	单价	金额
	啤酒瓶		支	1,000,000	1,000,000						
备注											

采购员：李立　　检验员：李军　　记账员：刘悦　　保管员：冯荣

业务 5

表 8

4600171130　　
海南增值税专用发票　　№03344135

开票日期：2018 年 2 月 4 日

购买方	名称：	海南新兴公司			密码区		
	纳税人识别号：	914600100035058765					
	地址、电话：	海口市和平南路 56 号 6532338					
	开户银行及账号：	工行海口市和平南路支行 024517975					
货物或应税劳务、服务名称		规格型号	单位	数量	单价	金额	税率	税额
纯生啤酒			箱	20,000	35.00	700,000.00	17%	119,000.00
合计						700,000.00		119,000.00
价税合计（大写）		⊗ 捌拾壹万玖仟元整				（小写）¥819,000.00		
销售方	名称：	海南万泉河啤酒有限责任公司			备注	海南万泉河啤酒有限责任公司 914600100089806666 发票专用章	
	纳税人识别号：	914600100089806666					
	地址、电话：	海口市金盘大道 88 号 66819999					
	开户银行及账号：	工行海口市金盘支行 589806688					

第一联　记账联

收款人：　　复核：　　开票人：张茜　　销售方：（章）

表 9

中国工商银行 **进账单**（收账通知） 3 №1227162

2018 年 2 月 4 日 第 号

付款人	全称	海南新兴公司	收款人	全称	海南万泉河啤酒有限责任公司	此联是出票人开户银行交给收款人的收账通知
	账号	024517975		账号	589806688	
	开户银行	工行海口市和平南路支行		开户银行	工行海口市金盘支行	

人民币（大写）捌拾壹万玖仟元整	千	百	十	万	千	百	十	元	角	分
		¥	8	1	9	0	0	0	0	0

票据种类	转账支票	
票据张数	1 张	
单位主管 会计 复核 记账		中国工商银行 海口市金盘支行 2018.02.04 转讫 收款人开户行盖章

业务 6

表 10

付款（用款）申请单

日期：2018 年 2 月 5 日

收款单位名称	海口精美日化有限责任公司				
开户行	工行海口市分行		账号	199880898	
收款地址	海口市		付款方式	转账支票	
申请付款金额	（人民币大写）贰万捌仟柒佰贰拾叁元伍角整 ¥ 28,723.50				
款项用途	购清洗剂等				
总经理	吴平	部门负责人	王雅	经办人	孙跃

财务经理：冯阳 会计审核：张茜 出纳：

表 11

中国工商银行
转账支票存根

支票号码：089800224

科　　目________

对方科目________

出票日期 2018 年 2 月 5 日

收款人：海口精美日化公司

金额：¥28,723.50

用途：购清洗剂等

备注：________

单位主管 会计

表 12

4600171130　　海南增值税专用发票　　№03225388

发　票　联　　开票日期：2018 年 2 月 5 日

购买方	名称：	海南万泉河啤酒有限责任公司				密码区			
	纳税人识别号：	914600100089806666							
	地址、电话：	海口市金盘大道 88 号 66819999							
	开户银行及账号：	工行海口市金盘支行 589806688							
货物或应税劳务、服务名称		规格型号	单位	数量	单价	金额	税率	税额	
清洗剂			公斤	2,000	10.00	20,000.00	17%	3,400.00	
消毒剂			公斤	100	8.00	800.00	17%	136.00	
胶水			公斤	500	7.50	3,750.00	17%	637.50	
合计						24,550.00		4,173.50	
价税合计（大写）		⊗ 贰万捌仟柒佰贰拾叁元伍角整					（小写）¥28,723.50		
销售方	名称：	海口精美日化有限责任公司				备注	海口精美日化有限责任公司 914600100089802567 发票专用章		
	纳税人识别号：	914600100089802567							
	地址、电话：	海口市国贸大道 27 号 6890321							
	开户银行及账号：	工行海口市分行 199880898							

收款人：　　复核：　　开票人：赵平　　销售方：（章）

第二联 发票联

表 13　　**收料单**

材料科目：材料　　编号：014

材料类别：原材料及主要材料　　收料仓库：材料库

供应单位：海口精美日化有限责任公司　　2018 年 2 月 5 日　　发票号码：

材料编号	材料名称	规格	计量单位	数量		实际价格				计划价格	
				应收	实收	单价	发票金额	运费	合计	单价	金额
	清洗剂		公斤	2,000	2,000						
	消毒剂		公斤	100	100						
	胶水		公斤	500	500						
备注											

采购员：李立　　检验员：李军　　记账员：刘悦　　保管员：冯荣

第二联 交财务

业务 7

表 14

中国工商银行 **进账单**（收账通知） 3 No1227942

2018 年 2 月 6 日 第 号

<table>
<tr><td rowspan="3">付款人</td><td>全称</td><td>湛江康乐有限责任公司</td><td rowspan="3">收款人</td><td>全称</td><td colspan="10">海南万泉河啤酒有限责任公司</td><td rowspan="7">此联是出票人开户银行交给收款人的收账通知</td></tr>
<tr><td>账号</td><td>148980754</td><td>账号</td><td colspan="10">589806688</td></tr>
<tr><td>开户银行</td><td>工行湛江市分行</td><td>开户银行</td><td colspan="10">工行海口市金盘支行</td></tr>
<tr><td colspan="5" rowspan="2">人民币
（大写）肆拾贰万元整</td><td>千</td><td>百</td><td>十</td><td>万</td><td>千</td><td>百</td><td>十</td><td>元</td><td>角</td><td>分</td></tr>
<tr><td></td><td>¥</td><td>4</td><td>2</td><td>0</td><td>0</td><td>0</td><td>0</td><td>0</td><td>0</td></tr>
<tr><td colspan="2">票据种类</td><td colspan="2">银行承兑汇票</td><td colspan="11" rowspan="2">中国工商银行
海口市金盘支行
2018.02.06
转讫
收款人开户行盖章</td></tr>
<tr><td colspan="2">票据张数</td><td colspan="2">1 张</td></tr>
<tr><td colspan="4">单位主管 会计 复核 记账</td></tr>
</table>

业务 8

表 15

国内支付业务付款回单

客户号：265002591578 日期：2018 年 02 月 06 日

付款人账号：589806688 收款人账号：

付款人名称：海南万泉河啤酒有限责任公司 收款人名称：

付款人开户行：工行海口市金盘支行 收款人开户行：

金额：CNY17,430.00

人民币壹万柒仟肆佰叁拾元整

业务种类：代发划转 业务编号：0000000000000 凭证号码：

用途：公积金

备注：公积金 /OBSS0033856196249GIR0000000000000

附言：/ 银行业务编号：A0142495C12018020600001979

中国工商银行 电子回单专用章

自助打印，请避免重复

交易机构：14865 建议渠道：网上银行 交易流水号：199981547-996 经办人

回单编号：2018020661603899 验证码：020F2RKLIRJ06300IF29

表 16

公积金汇缴书

<table>
<tr><td>种类：</td><td></td><td colspan="4">2018 年 2 月 6 日</td><td colspan="8">附清册 3 张</td></tr>
<tr><td>单位名称</td><td colspan="5">海南万泉河啤酒有限责任公司</td><td colspan="8">☐汇缴：2018 年 2 月份</td></tr>
<tr><td>公积金账号</td><td colspan="4">7839010171319</td><td colspan="3">开户银行</td><td colspan="6">工行海口市金盘支行</td></tr>
<tr><td rowspan="2">缴交金额
（大写）</td><td colspan="4" rowspan="2">壹万柒仟肆佰叁拾元整</td><td>佰</td><td>拾</td><td>万</td><td>仟</td><td>佰</td><td>拾</td><td>元</td><td>角</td><td>分</td></tr>
<tr><td></td><td>¥</td><td>1</td><td>7</td><td>4</td><td>3</td><td>0</td><td>0</td><td>0</td></tr>
<tr><td colspan="2">上月汇缴</td><td colspan="2">本月增加汇缴</td><td colspan="4">本月减少汇缴</td><td colspan="6">本月汇缴</td></tr>
<tr><td>人数</td><td>金额</td><td>人数</td><td>金额</td><td>人数</td><td colspan="3">金额</td><td colspan="3">人数</td><td colspan="3">金额</td></tr>
<tr><td>54</td><td>17,430</td><td></td><td></td><td></td><td colspan="3"></td><td colspan="3">54</td><td colspan="3">17,430</td></tr>
<tr><td>付款行</td><td colspan="2">付款账号</td><td>支票号码</td><td colspan="10" rowspan="2">借：
贷：
银行盖章　中国工商银行 海口市金盘支行 2018.02.06 转讫</td></tr>
<tr><td></td><td colspan="2"></td><td></td></tr>
</table>

复核：　　　　记账：　　　　接柜：

表 17

职工住房公积金汇缴清册

所属月份：2 月份

单位盖章：

缴存比例：单位 5%　　个人 5%　　　　总汇缴人数：54 人

填表时间：2018 年 02 月 06 日　　　　填表人：刘波

<table>
<tr><td rowspan="2">序号</td><td rowspan="2">姓名</td><td rowspan="2">个人住房公积金账号</td><td rowspan="2">缴交基数（元）</td><td colspan="4">月缴存额（元）</td></tr>
<tr><td>合计</td><td>单位</td><td>个人</td><td>备注</td></tr>
<tr><td>1</td><td>李华</td><td>460102196901053723</td><td>5,300</td><td></td><td>265</td><td>265</td><td></td></tr>
<tr><td>2</td><td>王帆</td><td>460101195804095623</td><td>4,300</td><td></td><td>215</td><td>215</td><td></td></tr>
<tr><td>53</td><td>…</td><td>海南省住房公积金管理中心</td><td>…</td><td>…</td><td>…</td><td>…</td><td></td></tr>
<tr><td>54</td><td>…</td><td>业务专用章</td><td>…</td><td>…</td><td>…</td><td>…</td><td></td></tr>
<tr><td>—</td><td>合（小）计</td><td>—</td><td>174,300</td><td>17,430</td><td>8,715</td><td>8,715</td><td></td></tr>
</table>

（管理机构）复核：刘晓　　　　2018 年 02 月 06 日　　　　（业务专用章）

注：1. 本表一式三份，经管理机构审核后，管理机构、受委托银行、单位各留存一份。

2. 月缴存额以元为单位，见角进元。

表 18

中国工商银行征税机关实时扣税业务客户回执
Industrial and Commercial Bank of China

付款方户名：海南万泉河啤酒有限责任公司
付款方账号：589806688
付款方开户行：211640
收款方户名：海口市地方税务局
收款方账号：37000000002278001
收款方开户行：国家金库海口市中心支库
入账日期：20180206　小写金额：1,850.95　大写金额：壹仟捌佰伍拾元玖角伍分
纳税人全称及纳税人识别号：海南万泉河啤酒有限责任公司 914600100089806666

缴款书交易流水号：2018020657434237
税票号码：320181028000002262
税种：个人所得税　时期：20180101-20180131　金额：1,850.95

打印日期：20180206　行号：－　打印柜员：9999　页码：[237]

中国工商银行 电子回单专用章

表 19　**社保缴费核定汇总表**

单位编号：914600100089806666　单位名称（盖章）：海南万泉河啤酒有限责任公司
申报缴费所属期：201802　申报时间：2018 年 02 月 06 日　单位：元

项目 / 险种	人数	工资总额		费率（%）		单位缴费金额（5）	个人缴费金额（6）	应缴费金额（7）
		单位缴费总额（1）	职工缴费基数总额（2）	单位（3）	个人（4）			
基本养老保险费	54	174,300.00	174,300.00	20%	8%	34,860.00	13,944.00	48,804.00
失业保险费	54	174,300.00	174,300.00	2%	1%	3,486.00	1,743.00	5,229.00
基本医疗保险费	54	174,300.00	174,300.00	6%	2%	10,458.00	3,486.00	13,944.00
工伤保险费	54	174,300.00	174,300.00	0.5%		871.50		871.50
生育保险费	54	174,300.00	174,300.00	0.5%		871.50		871.50
合计						50,547.00	19,173.00	69,720.00
备注								

填报人：刘波　联系电话：66819997　单位负责人：李华
注：（5）=（1）×（3）；（6）=（2）×（4）；（7）=（5）+（6）
核定结果以社保局实际应收核定为准，此报表仅作参考。

表 20

中国工商银行征税机关实时扣税业务客户回执
Industrial and Commercial Bank of China

付款方户名：海南万泉河啤酒有限责任公司
付款方账号：589806688
付款方开户行：211640
收款方户名：海口市地方税务局
收款方账号：37000000002278001
收款方开户行：国家金库海口市中心支库
入账日期：20180206 小写金额：69,720.00 大写金额：陆万玖仟柒佰贰拾元整
纳税人全称及纳税人识别号：海南万泉河啤酒有限责任公司 914600100089806666

缴款书交易流水号：2018020657426758
税票号码：420181028000002451
税种：生育保险基金收入时期：20180101-20180131 金额：871.50
税种：失业保险基金收入时期：20180101-20180131 金额：5,229.00
税种：工伤保险基金收入时期：20180101-20180131 金额：871.50
税种：基本医疗保险基金收入时期：20180101-20180131 金额：13,944.00
税种：基本养老保险基金收入时期：20180101-20180131 金额：48,804.00

打印日期：20180206 行号： – 打印柜员：9999 页码：[342]

业务 9

表 21

中国工商银行征税机关实时扣税业务客户回执
Industrial and Commercial Bank of China

付款方户名：海南万泉河啤酒有限责任公司
付款方账号：589806688
付款方开户行：211640
收款方户名：海口市地方税务局
收款方账号：37000000002278001
收款方开户行：国家金库海口市中心支库
入账日期：20180206 小写金额：269,343.26 大写金额：贰拾陆万玖仟叁佰肆拾叁元贰角陆分
纳税人全称及纳税人识别号：海南万泉河啤酒有限责任公司 914600100089806666

缴款书交易流水号：2018020657437588
税票号码：320180206000002499

税种：消费税 时期：20180101-20180131 金额：244,857.5
税种：城建税 时期：20180101-20180131 金额：17,140.03
税种：教育费附加 时期：20180101-20180131 金额：7,345.73

打印日期：20180206 行号： – 打印柜员：9999 页码：[107]

业务 10

表 22 差旅费报销单

2018 年 2 月 6 日

项目名称	摘要	金额	备注	部门	采购部
				姓名	张林
住宿费		2,100.00	附单据 1 张	职别	主管
会务费				出差地点	上海
其他				往返天数	5 天
				出差事由	参加会议
车船费	火车		现金收讫 附单据 1 张	支出摘要说明	
	汽车				
	飞机	3,600.00			
	其他				
合计报销金额		5,700.00			
合计人民币（大写）伍仟柒佰元整			¥ 5,700.00		
借款金额	5,000.00	应退金额		应补金额	700.00
总经理	王帆	部门审核		报销人	张林

表 23

3100171320　　上海增值税普通发票　　No03385965

发　票　联　　开票日期：2018 年 02 月 04 日

购买方			密码区	
名称：	海南万泉河啤酒有限责任公司			
纳税人识别号：	914600100089806666			
地址、电话：	海口市金盘大道 88 号 66819999			
开户银行及账号：	工行海口市金盘支行 589806688			

货物或应税劳务、服务名称	规格型号	单位	数量	单价	金额	税率	税额
住宿费			1	1,981.13	1,981.13	6%	118.87
合计					1,981.13		118.87
价税合计（大写）	⊗贰仟壹佰元整			（小写）¥ 2,100.00			

销售方		备注	
名称：	上海锦海之星大酒店		上海锦海之星大酒店 913101020216536788 发票专用章
纳税人识别号：	913101020216536788		
地址、电话：	上海市明珠路 11 号 53224756		
开户银行及账号：	建行上海市浦东支行 558896871		

第二联　发票联

收款人：　　复核：　　开票人：张乐　　销售方：（章）

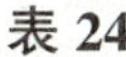

表 24

航空运输电子客票行程单

ITINERARY/RECEIPT OF E-TICKET FOR AIR TRANSPORT 印刷序列号：401440600346 SERIAL NUMBER：

旅客姓名									
张林	承运人	航班号	座位等级	日期	时间	客票级别 / 客票类别	客票生效日期	客票截止日期	免费行李
自 FROM 海口 HAK 至 TO 上海 SHG 至 TO 海口 HAK 至 TO VOID 至 TO	HU HU	7119 7320	Y Y	28JAN 1FEB	0805 2020	Y100 Y100			20k 20k
	票价 FARE CNY 3,500.00	机场建设费 AIRPORT TAX CNY 100.00		燃油附加费 FUEL SURCHARGE		其他税费 OTHER TAXES		合计 TOTAL CNY 3,600.00	
电子客票号码 E-TICKET NO	8803163009201	验证码 6688 CK		提示信息 INFORMATION			保险费 INSURANCE		
销售单位代码 AGENT CODE	HK5008	填开单位：售票中心 ISSUED BY			填开日期 DATE OF ISSUE		2018-01-24		

业务 11

表 25

中国工商银行 资金划拨补充凭证（贷方回单）

收报日期：2018-2-6

行名：工行海口市金盘支行

业务种类：汇兑

收款人账号：589806688 付款人账号：148980754

收款人户名：海南万泉河啤酒有限责任公司 付款人户名：湛江康乐有限责任公司

大写金额：叁万壹仟零肆拾元整

小写金额：31,040.00

发报流水号：00402897 收报流水号：517006941

发报行行号：00382512 收报行行号：311130000

打印日期：2018-2-6

用途：补付货款 付款类型：非延期付款

（印章：中国工商银行 海口市金盘支行 2018.02.06 转讫）

表 26

4600171130　　　　海南增值税专用发票　　　　No 03344136

开票日期：2018 年 2 月 6 日

<table>
<tr><td rowspan="4">购买方</td><td>名称：</td><td colspan="3">湛江康乐有限责任公司</td><td rowspan="4">密码区</td><td colspan="3" rowspan="4"></td></tr>
<tr><td>纳税人识别号：</td><td colspan="3">914408100089800001</td></tr>
<tr><td>地址、电话：</td><td colspan="3">湛江市学院路 15 号 2433335</td></tr>
<tr><td>开户银行及账号：</td><td colspan="3">工行湛江支行 14898754</td></tr>
<tr><td colspan="2">货物或应税劳务、服务名称</td><td>规格型号</td><td>单位</td><td>数量</td><td>单价</td><td>金额</td><td>税率</td><td>税额</td></tr>
<tr><td colspan="2">清爽啤酒</td><td></td><td>箱</td><td>4,000</td><td>28.00</td><td>112,000.00</td><td>17%</td><td>19,040.00</td></tr>
<tr><td colspan="2">合计</td><td></td><td></td><td></td><td></td><td>112,000.00</td><td></td><td>19,040.00</td></tr>
<tr><td colspan="2">价税合计（大写）</td><td colspan="4">⊗ 壹拾叁万壹仟零肆拾元整</td><td colspan="3">（小写）¥131,040.00</td></tr>
<tr><td rowspan="4">销售方</td><td>名称：</td><td colspan="3">海南万泉河啤酒有限责任公司</td><td rowspan="4">备注</td><td colspan="3" rowspan="4">海南万泉河啤酒有限责任公司
91460010008980666
发票专用章</td></tr>
<tr><td>纳税人识别号：</td><td colspan="3">91460010008980666</td></tr>
<tr><td>地址、电话：</td><td colspan="3">海口市金盘大道 88 号 66819999</td></tr>
<tr><td>开户银行及账号：</td><td colspan="3">工行海口市金盘支行 589806688</td></tr>
</table>

收款人：　　复核：　　开票人：张茜　　销售方：（章）

第一联 记账联

业务 12

表 27

委电　　委托收款　凭证（付款通知）　5　委托号码　第　号

委托日期　2018 年 2 月 3 日　　付款期限：3 日

<table>
<tr><td rowspan="3">付款人</td><td>全　称</td><td>海南万泉河啤酒有限责任公司</td><td rowspan="3">收款人</td><td>全　称</td><td colspan="2">海口市电信局金盘支局</td></tr>
<tr><td>账　号</td><td>589806688</td><td>账　号</td><td colspan="2">256874585</td></tr>
<tr><td>开户银行</td><td>工行海口市金盘支行</td><td>开户银行</td><td colspan="2">中行海口市金盘支行</td></tr>
<tr><td>托收金额</td><td colspan="4">人民币
（大写）叁仟玖佰捌拾元整</td><td colspan="2">千 百 十 万 千 百 十 元 角 分
¥ 3 9 8 0 0 0</td></tr>
<tr><td>款项内容</td><td colspan="2">1 月份固定电话费</td><td>委托收款凭据名称</td><td>发票</td><td>附寄单据张数</td><td>1</td></tr>
<tr><td colspan="3">备注：
电划
中国工商银行
海口市金盘支行
2018.02.06
转讫</td><td colspan="4">付款人注意：
1. 根据结算办法，上列委托收款如在付款期限内未拒付时，即视同全部同意付款，以此联代付款通知。
2. 如需提前付款或多付款时，应另写书面通知送银行办理。
3. 如系全部或部分拒付，应在付款期限内另填拒绝付款理由书送银行办理。</td></tr>
</table>

单位主管　　会计　　复核　　记账　　付款人开户银行收到日期 2018 年 2 月 6 日

此联是付款人开户行通知付款人按期承付通知

表 28

海南增值税电子普通发票

发票代码：046001600111

发票号码：05161856

开票日期：2018 年 02 月 07 日

机器编号：499099718261　　　　校验码：11089 77158 78538 42178

购买方	名称：	海南万泉河啤酒有限责任公司			密码区			
	纳税人识别号：	914600100089806666						
	地址、电话：	海口市金盘大道 88 号 66819999						
	开户银行及账号：	工行海口市金盘支行 589806688						
货物或应税劳务、服务名称		规格型号	单位	数量	单价	金额	税率	税额
通信服务费				1	3,980.00	3,980.00		
合计						3,980.00		
价税合计（大写）		⊗ 叁仟玖佰捌拾元整				（小写）￥3,980.00		
销售方	名称：	中国电信股份有限公司海南分公司			备注			
	纳税人识别号：	914600100671060098						
	地址、电话：	海口市滨海东路 52 号 10000						
	开户银行及账号：	工行海口市望海支行 22010201292211						

收款人：　　　　复核：　　　　开票人：林小宣　　　　销售方：（章）

业务 13

表 29

4600171130　　　　海南增值税专用发票　　　　No02237876

发　票　联　　　　开票日期：2018 年 2 月 8 日

购买方	名称：	海南万泉河啤酒有限责任公司			密码区			
	纳税人识别号：	914600100089806666						
	地址、电话：	海口市金盘大道 88 号 66819999						
	开户银行及账号：	工行海口市金盘支行 589806688						
货物或应税劳务、服务名称		规格型号	单位	数量	单价	金额	税率	税额
纯生纸箱			个	60,000	1.50	90,000.00	17%	15,300.00
合计						90,000.00	17%	15,300.00
价税合计（大写）		⊗ 壹拾万零伍仟叁佰元整				（小写）￥105,300.00		
销售方	名称：	海口天涯外贸公司			备注			
	纳税人识别号：	914600100089805555						
	地址、电话：	海口市南海大道 95 号 66817777						
	开户银行及账号：	工行海口市南海支行 898012377						

第二联 发票联

收款人：　　　　复核：　　　　开票人：王涛　　　　销售方：（章）

表 30 **收料单**

材料科目：辅助材料　　编号：015
材料类别：包装物　　收料仓库：材料库
供应单位：海口天涯外贸公司　　2018 年 2 月 8 日　　发票号码：

材料编号	材料名称	规格	计量单位	数量		实际价格				计划价格	
				应收	实收	单价	发票金额	运费	合计	单价	金额
	纯生纸箱		个	60,000	60,000						
备注											

第二联　交财务

采购员：李立　　检验员：李军　　记账员：刘悦　　保管员：冯荣

业务 14（暂不作会计分录，仅登材料数量账）

表 31 **入库单**

编号：203
类别：产成品　　2018 年 2 月 10 日　　仓库：成品库

产品编号	产品名称	规格	计量单位	数量	单价	金额	备注
	纯生啤酒		箱	40,000			完工入库
	合计						

第二联　交财务

部门主管：丁亮　　保管员：冯荣　　记账员：刘悦　　交库人：符静

业务 15　2 月 14 日，给予广西宏达公司销售折让，请根据进货退出及索取折让证明单开具红字增值税专用发票。

表 32

中国工商银行　资金划拨补充凭证（贷方回单）

收报日期 :2018–2–14

行名：工行海口市金盘支行
业务种类：汇兑
收款人账号：589806688　　付款人账号：5608980679
收款人户名：海南万泉河啤酒有限责任公司　　付款人户名：广西宏达公司
大写金额：叁拾玖万柒仟捌佰元整
小写金额：397,800.00
发报流水号：134028207　　收报流水号：517008126
发报行行号：00382512　　收报行行号：311130000
打印日期：2018–2–14
用途：购货款　　付款类型：非延期付款
客户附言：
银行附言：

中国工商银行 海口市金盘支行 2018.02.14 转讫

表 33

企业进货退出及索取折让证明单　1

（2018）乙　　　　NO.00000279

销货单位	全称	海南万泉啤酒有限责任公司			
	税务登记号	914600100089806666			
进货退出	货物名称	单价	数量	货款	税额
索取折让	货物名称	货款	税额	要求	
				折让金额	折让税额
	纯生啤酒	350,000.00	59,500.00	10,000.00	1,700.00
退货或索取折让理由	在运输途中因天气原因导致外包装受损 经办人：刘平　单位盖章： 2018 年 2 月 10 日		税务征收机关签章	经办人：李兰　单位盖章： 2018 年 2 月 10 日	
购货单位	全称	广西宏达公司			
	税务登记号	914501035035433789			

表 34

4600171130　　## 海南增值税专用发票　　No 03344137

开票日期：　年　月　日

购买方	名称： 纳税人识别号： 地址、电话： 开户银行及账号：				密码区			
货物或应税劳务、服务名称		规格型号	单位	数量	单价	金额	税率	税额
价税合计（大写）						（小写）		
销售方	名称： 纳税人识别号： 地址、电话： 开户银行及账号：				备注			

收款人：　　复核：　　开票人：　　销售方：（章）

第一联　记账联

业务 16

表 35

付款（用款）申请单

日期：2018 年 2 月 15 日

收款单位名称	海口华兴安装有限公司				
开　户　行	工行海口市秀英支行	账号	026410789		
收 款 地 址	海口市	付款方式	转账支票		
申请付款金额	（人民币大写）壹万伍仟元整　　¥ 15,000.00				
款 项 用 途	支付生产线安装费（余下的 50%）				
总经理	王帆	部门负责人	刘波	经办人	李伟

财务经理：冯阳　　会计审核：张茜　　出纳：方荷

表 36

4600171320

海南增值税普通发票

No2048547

发票联　　开票日期：2018 年 02 月 15 日

购买方	名称：	海南万泉河啤酒有限责任公司			密码区			
	纳税人识别号：	914600100089806666						
	地址、电话：	海口市金盘大道 88 号 66819999						
	开户银行及账号：	工行海口市金盘支行 589806688						
货物或应税劳务、服务名称		规格型号	单位	数量	单价	金额	税率	税额
安装费						14,563.11	3%	436.89
合计						14,563.11		436.89
价税合计（大写）		⊗ 壹万伍仟元整　　（小写）¥ 15,000.00						
销售方	名称：	海口华兴安装有限公司			备注			
	纳税人识别号：	914600100089832421						
	地址、电话：	海口市海秀路 70 号 6689755						
	开户银行及账号：	工行海口市秀英支行 026410789						

第二联　发票联

收款人：陈风　　复核：王华　　开票人：冷梅　　销售方：（章）

（印章：海口华兴安装有限公司 914600100089832421 发票专用章）

表 37

中国工商银行
转账支票

支票号码：089800226
科　　目＿＿＿＿＿＿＿＿
对方科目＿＿＿＿＿＿＿＿
出票日期 2018 年 2 月 15 日

收款人：海口华兴安装有限公司
金额：￥15,000.00
用途：安装费
备注：＿＿＿＿＿＿＿＿

单位主管　　　　会计

业务 17

表 38

付款（用款）申请单

日期：2018 年 2 月 16 日

收款单位名称	海口市会展中心				
开　户　行	工行海口市滨海支行	账号	026412836		
收　款　地　址	海口市	付款方式	转账支票		
申请付款金额	（人民币大写）肆万伍仟元整　　￥45,000.00				
款　项　用　途	付 2017 年 12 月及 2018 年 2 月的临时场地租赁费				
总经理	王帆	部门负责人	李立	经办人	李伟

财务经理：冯阳　　　　会计审核：张茜　　　　出纳：方荷

表 39

中国工商银行
转账支票

支票号码：089800227
科　　目＿＿＿＿＿＿＿＿
对方科目＿＿＿＿＿＿＿＿
出票日期 2018 年 2 月 16 日

收款人：海口会展中心
金额：￥45,000.00
用途：场地租赁费
备注：＿＿＿＿＿＿＿＿

单位主管　　　　会计

表 40

4600171320　　　　海南增值税普通发票　　　　№02037429

发票联　　　　开票日期：2018 年 02 月 17 日

购买方	名称：	海南万泉河啤酒有限责任公司	密码区				
	纳税人识别号：	914600100089806666					
	地址、电话：	海口市金盘大道 88 号 66819999					
	开户银行及账号：	工行海口市金盘支行 589806688					
货物或应税劳务、服务名称	规格型号	单位	数量	单价	金额	税率	税额
场地租赁费			1	24,271.85	24,271.85	3%	728.16
合计					24,271.85		728.16
价税合计（大写）	⊗ 贰万伍仟元整				（小写）¥ 25,000.00		
销售方	名称：	海口市会展中心	备注				
	纳税人识别号：	914600100089805270					
	地址、电话：	海口市滨海路 58 号 66893878					
	开户银行及账号：	建行海口市滨海支行 56781288					

第二联　发票联

收款人：　　复核：　　开票人：李丽英　　销售方：（章）

海口市会展中心 914600100089805270 发票专用章

业务 18

表 41

费用报销单

报销日期：2018 年 2 月 20 日　　附件：1 张

费用项目	类别	金额	总经理（签字）	王帆
购买办公用品	办公费	900.00		
			部门（签字）	刘波
		现金付讫	报销人（签字）	林平
报销金额合计		¥ 900.00		
核实金额（大写）玖佰元整		¥ 900.00		
借款金额：		应退金额：	应补金额：	

财务经理：冯阳　　会计审核：张茜　　出纳：方荷

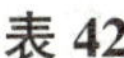

表 42

4600171320　　**海南增值税普通发票**　　No00164498

发票联　　开票日期：2018 年 02 月 20 日

购买方	名称：	海南万泉河啤酒有限责任公司	密码区				
	纳税人识别号：	914600100089806666					
	地址、电话：	海口市金盘大道 88 号 66819999					
	开户银行及账号：	工行海口市金盘支行 589806688					
货物或应税劳务、服务名称	规格型号	单位	数量	单价	金额	税率	税额
复印纸 8 开		箱	10	29.126	291.26	3%	8.74
复印纸 A4		箱	30	19.4173	582.52	3%	17.48
合计					873.78		26.22
价税合计（大写）	⊗ 玖佰元整				（小写）¥900.00		
销售方	名称：	海口世纪电脑经营部	备注				
	纳税人识别号：	914601001983032028					
	地址、电话：	海口市南宝路 58 号 66893653					
	开户银行及账号：	建行海口市南宝支行 56781254					

收款人：　　复核：　　开票人：孙小红　　销售方：（章）

第二联 发票联

业务 19（暂不作会计分录，仅登材料）

表 43　　**入库单**

编号：204

类别：产成品　　2018 年 2 月 20 日　　仓库：成品库

产品编号	产品名称	规格	计量单位	数量	单价	金额	备注
	纯生啤酒		箱	60,000			完工入库
	合计						

部门主管：丁亮　　保管员：冯荣　　记账员：刘悦　　交库人：符静

第二联 交财务

业务 20

表 44　　**海通证券海口营业部交易单**

客户名称：海南万泉河啤酒有限责任公司

日期	股东账号	股票代码	证券名称	业务标志	发生数量	成交价	佣金	其他费	印花税	交易金额	资金余额
180221	××	××	国债	卖出	2,500	260,000.00	52.00			259,948.00	892,048.00

业务 21

表 45

4600171130　　　　海南增值税专用发票　　　　No 03344139

开票日期：2018 年 2 月 21 日

<table>
<tr><td rowspan="4">购买方</td><td>名称：</td><td colspan="3">徐闻贸易公司</td><td rowspan="4" colspan="2">密码区</td><td rowspan="4" colspan="3"></td></tr>
<tr><td>纳税人识别号：</td><td colspan="3">914408100075300012</td></tr>
<tr><td>地址、电话：</td><td colspan="3">徐闻县发展大道 30 号 6906834</td></tr>
<tr><td>开户银行及账号：</td><td colspan="3">工行徐闻曲界支行 148981456</td></tr>
<tr><td colspan="2">货物或应税劳务、服务名称</td><td>规格型号</td><td>单位</td><td>数量</td><td colspan="2">单价</td><td>金额</td><td>税率</td><td>税额</td></tr>
<tr><td colspan="2">清爽啤酒</td><td></td><td>箱</td><td>24,000</td><td colspan="2">28.00</td><td>672,000.00</td><td>17%</td><td>114,240.00</td></tr>
<tr><td colspan="2">纯生啤酒</td><td></td><td>箱</td><td>80,000</td><td colspan="2">35.00</td><td>2,800,000.00</td><td>17%</td><td>476,000.00</td></tr>
<tr><td colspan="2">合计</td><td></td><td></td><td></td><td colspan="2"></td><td>3,472,000.00</td><td></td><td>590,240.00</td></tr>
<tr><td colspan="2">价税合计（大写）</td><td colspan="5">⊗ 肆佰零陆万贰仟贰佰肆拾元整</td><td colspan="3">（小写）¥4,062 240.00</td></tr>
<tr><td rowspan="4">销售方</td><td>名称：</td><td colspan="3">海南万泉河啤酒有限责任公司</td><td rowspan="4" colspan="2">备注</td><td rowspan="4" colspan="3">海南万泉河啤酒有限责任公司
914600100089806666
发票专用章</td></tr>
<tr><td>纳税人识别号：</td><td colspan="3">914600100089806666</td></tr>
<tr><td>地址、电话：</td><td colspan="3">海口市金盘大道 88 号 66819999</td></tr>
<tr><td>开户银行及账号：</td><td colspan="3">工行海口市金盘支行 589806688</td></tr>
</table>

第一联 记账联

收款人：　　　　复核：　　　　开票人：张茜　　　　销售方：（章）

业务 22

表 46

费用报销单

报销日期：2018 年 2 月 22 日　　　　附件：1 张

<table>
<tr><td>费用项目</td><td>类别</td><td>金额</td><td rowspan="2">总经理（签字）</td><td rowspan="2">张杰</td></tr>
<tr><td>销售部报销晒鼓等办公用品</td><td>办公费</td><td>1,000.00</td></tr>
<tr><td></td><td></td><td>现金付讫</td><td rowspan="2">部门（签字）</td><td rowspan="2">李立</td></tr>
<tr><td></td><td></td><td></td></tr>
<tr><td></td><td></td><td></td><td rowspan="2">报销人（签字）</td><td rowspan="2">肖长城</td></tr>
<tr><td></td><td></td><td></td></tr>
<tr><td>报销金额合计</td><td></td><td>¥1,000.00</td><td colspan="2"></td></tr>
<tr><td colspan="2">核实金额（大写）壹仟元整</td><td colspan="3">¥1,000.00</td></tr>
<tr><td colspan="2">借款金额：</td><td colspan="2">应退金额：</td><td>应补金额：</td></tr>
</table>

财务经理：冯阳　　　　会计审核：张茜　　　　出纳：方荷

表 47

4600171320　　　　海南增值税普通发票　　　　No 00164499

发票联　　　　开票日期：2018 年 02 月 21 日

购买方	名称：	海南万泉河啤酒有限责任公司			密码区			
	纳税人识别号：	914600100089806666						
	地址、电话：	海口市金盘大道 88 号 66819999						
	开户银行及账号：	工行海口市金盘支行 589806688						
货物或应税劳务、服务名称		规格型号	单位	数量	单价	金额	税率	税额
HP1020 硒鼓			个	5	110.00	550.00	3%	16.50
得力 A3 复印纸			箱	3	140.29	420.87	3%	12.63
合计						970.87		29.13
价税合计（大写）		⊗ 壹仟元整				（小写）¥1,000.00		
销售方	名称：	海口世纪电脑经营部			备注	海口世纪电脑经营部 91460100198303202 8 发票专用章		
	纳税人识别号：	91460100198303202 8						
	地址、电话：	海口市南宝路 58 号 66893653						
	开户银行及账号：	建行海口市南宝支行 56781254						

第二联 发票联

收款人：　　　复核：　　　开票人：孙小红　　　销售方：（章）

表 48

付款（用款）申请单

日期：2018 年 2 月 23 日　　　　附件：1 张

收款单位名称	海南中安石油公司				
开　户　行	中行海南省营业部	账号	01030020167		
收 款 地 址	海口市	付款方式	转账支票		
申请付款金额	（人民币大写）贰万叁仟元整　¥23,000.00				
款 项 用 途	销售部门汽油费				
总经理	张杰	部门负责人	李立	经办人	肖长城

财务经理：冯阳　　　会计审核：张茜　　　出纳：方荷

表 49

海南省国家税务局通用机打发票

发　票　联

发票代码：146001741402
发票号码：00124576

购货方名称：海南万泉河啤酒有限责任公司

购买方税号：914600100089806666
发票代码：146001741402
发票号码：00124576
校验码：2286 4851 1530 1855 6850
开票日期：2018 年 2 月 20 日　　开票人：韩芳

商品名称	单价	数量	金额
93# 汽油	5.99	3,839.73	23,000.00

合计（小写）：￥23,000.00
合计（大写）：贰万叁仟元整

销售方名称：海南中安石油公司

表 50

中国工商银行
转账支票

支票号码：089800228
科　　目________
对方科目________
出票日期 2018 年 2 月 23 日

收款人：海南中安石油公司
金额：￥23,000.00
用途：购汽油
备注：________

单位主管　　会计

业务 23

表 51

国内支付业务付款回单

客户号：265002591578　　日期：2018 年 02 月 26 日
付款人账号：589806688　　收款人账号：
付款人名称：海南万泉河啤酒有限责任公司　　收款人名称：
付款人开户行：工行海口市金盘支行　　收款人开户行：
金额：CNY144,561.05
人民币壹拾肆万肆仟伍佰陆拾壹元零伍分

业务种类：代发划转　业务编号：0000000000000 凭证号码：
用途：工资
备注：工资 /OBSS0033856196760GIR0000000000000
附言：/ 银行业务编号：A0142495C12018022600001001

自助打印，请避免重复

交易机构：14865　　建议渠道：网上银行　交易流水号：143981654-579 经办人

回单编号：2018022661603687　验证码：020F2RKLIRJ08555IQ96

表 52

工资表

2018 年 2 月 26 日　　单位：元

部门	姓名	基本工资	岗位津贴	交通补贴	工资合计	加班工资	应发工资	代扣款项				实发工资
								住房公积金	社保费	个税	合计	
办公室	李华	3,000.00	2,000.00	300.00	5,300.00		5,300.00	265.00	583.00	28.56	876.56	4,423.44
办公室	吴平	3,000.00	1,500.00	300.00	4,800.00		4,800.00	240.00	528.00	15.96	783.96	4,016.04
办公室	王帆	3,000.00	1,000.00	300.00	4,300.00		4,300.00	215.00	473.00	3.36	691.36	3,608.64
办公室	张杰	3,000.00	1,000.00	300.00	4,300.00		4,300.00	215.00	473.00	3.36	691.36	3,608.64
办公室	刘波	2,000.00	1,000.00	200.00	3,200.00		3,200.00	160.00	352.00	0	512.00	2,688.00
财务部	张茜	2,000.00		100.00	2,100.00		2,100.00	105.00	231.00		336.00	1,764.00
…	…	…	…	…	…	…	…	…	…	…	…	…
销售部	王平	2,000.00	500.00	200.00	2,700.00		2,700.00	135.00	297.00		432.00	2,268.00
…	…	…	…	…	…	…	…	…	…	…	…	…
合计		147,900.00	11,300.00	15,100.00	174,300.00		174,300.00	8,715.00	19,173.00	1,850.95	29,738.95	144,561.05

总经理：李华　　复核：张茜　　制表：高山

业务 24

表 53

部门工资汇总表

2018 年 2 月 26 日　　单位：元

部门		标准工资	加班加点工资	合计
基本生产车间	清爽			
	纯生	70,700.00		70,700.00
机修车间		7,500.00		7,500.00
办公室		25,100.00		25,100.00
财务部		9,500.00		9,500.00
人事部		5,000.00		5,000.00
计划部		4,000.00		4,000.00
采购部		7,800.00		7,800.00
仓储部		4,500.00		4,500.00
销售部		40,200.00		40,200.00
合计		174,300.00		174,300.00

制单人：刘悦

表 54

工资分配汇总表

2018 年 2 月 26 日

部门		生产成本	制造费用	管理费用	销售费用	合计
基本生产车间	清爽					
	纯生					
机修车间						
办公室						
财务部						
人事部						
计划部						
采购部						
仓储部						
销售部						
合计						

制单人：

业务 25

表 55

社会保险、住房公积金费用分配表

2018 年 2 月 26 日

借方账户		计提基础	社会保险费（29%）	住房公积金（5%）	合计
生产成本	清爽				
	纯生				
制造费用					
管理费用					
销售费用					
合 计					

制单人：

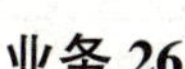

业务 26

表 56　　**职工福利费、职工教育经费、工会经费分配表**

2018 年 2 月 26 日

借方账户		计提基础	职工福利费（14%）	职工教育经费（2.5%）	工会经费（2%）	合计
生产成本	清爽					
	纯生					
制造费用						
管理费用						
销售费用						
合计						

制单人：

业务 27

表 57

4600171130　　海南增值税专用发票　　№08138839

发票联　　开票日期：2018 年 2 月 28 日

购买方	名称：	海南万泉河啤酒有限责任公司			密码区			
	纳税人识别号：	914600100089806666						
	地址、电话：	海口市金盘大道 88 号 66819999						
	开户银行及账号：	工行海口市金盘支行 589806688						
货物或应税劳务、服务名称		规格型号	单位	数量	单价	金额	税率	税额
管道燃气			立方米	13,118.183	3.00	39,354.55	11%	4,329.00
合计						39,354.55		4,329.00
价税合计（大写）		⊗ 肆万叁仟陆佰捌拾叁元伍角伍分				（小写）¥43,683.55		
销售方	名称：	海口市管道燃气公司			备注	海口市管道燃气公司 914600100089805987 发票专用章		
	纳税人识别号：	914600100089805987						
	地址、电话：	海口市沿江四路 23 号 66227865						
	开户银行及账号：	工行海口市海甸支行 188807132						

第二联　发票联

收款人：　　复核：　　开票人：孙明　　销售方：（章）

表 58 燃气费分配表

2018 年 2 月 28 日

应借账户	金额	备注
制造费用	39,354.55	生产车间耗用
合计	39,354.55	

部门主管：丁亮　　　　记账员：刘悦

业务 28

表 59

4600171130　　海南增值税专用发票　　№060673846

发　票　联　　开票日期：2018 年 2 月 28 日

购买方	名称：	海南万泉河啤酒有限责任公司			密码区			
	纳税人识别号：	914600100089806666						
	地址、电话：	海口市金盘大道 88 号 66819999						
	开户银行及账号：	工行海口市金盘支行 589806688						
货物或应税劳务、服务名称		规格型号	单位	数量	单价	金额	税率	税额
自来水			吨	10,972.725	0.8	8,778.18	11%	965.60
合计						8,778.18		965.60
价税合计（大写）		⊗玖仟柒佰肆拾叁元柒角捌分				（小写）￥9,743.78		
销售方	名称：	海口市自来水公司			备注	海口市自来水公司 914600100089805432 发票专用章		
	纳税人识别号：	914600100089805432						
	地址、电话：	海口市沿江三路 98 号 66224532						
	开户银行及账号：	中行海口市海甸支行 245607138						

第二联 发票联

收款人：　　复核：　　开票人：孙涛　　销售方：（章）

表 60 水费分配表

2018 年 2 月 28 日

借方账户	金额	备注
制造费用	8,538.18	生产车间耗用
管理费用	240.00	管理部门耗用
合计	8,778.18	

部门主管：丁亮　　　　记账员：刘悦

业务 29

表 61

4600171130　　海南增值税专用发票　　No 05583746

发　票　联　　开票日期：2018 年 2 月 28 日

<table>
<tr><td rowspan="4">购买方</td><td>名称：</td><td colspan="4">海南万泉河啤酒有限责任公司</td><td rowspan="4">密码区</td><td colspan="3" rowspan="4"></td></tr>
<tr><td>纳税人识别号：</td><td colspan="4">914600100089806666</td></tr>
<tr><td>地址、电话：</td><td colspan="4">海口市金盘大道 88 号 66819999</td></tr>
<tr><td>开户银行及账号：</td><td colspan="4">工行海口市金盘支行 589806688</td></tr>
<tr><td colspan="2">货物或应税劳务、服务名称</td><td>规格型号</td><td>单位</td><td>数量</td><td colspan="2">单价</td><td>金额</td><td>税率</td><td>税额</td></tr>
<tr><td colspan="2">电</td><td></td><td>度</td><td>89,375</td><td colspan="2">0.8</td><td>71,500.00</td><td>17%</td><td>12,155.00</td></tr>
<tr><td colspan="2">合计</td><td></td><td></td><td></td><td colspan="2"></td><td>71,500.00</td><td></td><td>12,155.00</td></tr>
<tr><td colspan="2">价税合计（大写）</td><td colspan="5">⊗ 捌万叁仟陆佰伍拾伍元整</td><td colspan="3">（小写）¥ 83,655.00</td></tr>
<tr><td rowspan="4">销售方</td><td>名称：</td><td colspan="4">海口市供电公司</td><td rowspan="4">备注</td><td colspan="3" rowspan="4">海口市供电公司 914600100089801506 发票专用章</td></tr>
<tr><td>纳税人识别号：</td><td colspan="4">914600100089801506</td></tr>
<tr><td>地址、电话：</td><td colspan="4">海口市南海大道 95 号 66814201</td></tr>
<tr><td>开户银行及账号：</td><td colspan="4">工行海口市南海支行 898012546</td></tr>
</table>

第二联　发票联

收款人：　　复核：　　开票人：王芳　　销售方：（章）

表 62　　**电费分配表**

2018 年 2 月 28 日

应借账户	金额	备注
制造费用	71,000.00	生产车间耗用
管理费用	500.00	管理部门耗用
合计	71,500.00	

部门主管：丁亮　　记账员：刘悦

业务 30

表 63

付款（用款）申请单

日期：2018 年 2 月 28 日

收款单位名称	李俊				
开　户　行	海口工行	账号	9558000080220004569		
收 款 地 址	海口市	付款方式	转账支票		
申请付款金额	（人民币大写）贰万肆仟肆佰零贰元整　　¥ 24,402.00				
款 项 用 途	职工食堂补贴				
总经理	王帆	部门负责人	刘波	经办人	高山

财务经理：冯阳　　会计审核：张茜　　出纳：方荷

表 64

中国工商银行
转账支票存根

支票号码：089800229

科　　目＿＿＿＿＿＿

对方科目＿＿＿＿＿＿

出票日期 2018 年 2 月 28 日

收款人：李俊

金额：¥ 24,402.00

用途：职工食堂补贴

备注：

单位主管　　　会计

业务 31

表 65 领料汇总表

2018 年 2 月 附件： 张

领用部门	品名	数量（公斤）	单价	金额	用途
酿造车间	麦芽				
	啤酒花				
	消毒剂				
	清洗剂				
灌装车间	清洗剂				
	胶水				
	消毒剂				

制单人：

表 66 领料单

材料科目：材料 编号：110

材料类别：原材料及主要材料 领料仓库：材料库

领料部门：酿造车间 2018 年 2 月 2 日

材料编号	材料名称	规格	计量单位	数量	单价	金额	备注
	麦芽		公斤	70,000			生产纯生
	啤酒花		公斤	100			生产纯生
	合计						

第二联 交财务

部门主管：丁亮 保管员：冯荣 记账员： 领料人：王英

表 67 领料单

材料科目：材料 编号：111

材料类别：原材料及主要材料 领料仓库：材料库

领料部门：灌装车间 2018 年 2 月 2 日

材料编号	材料名称	规格	计量单位	数量	单价	金额	备注
	胶水		公斤	30.30			生产一般耗用
	消毒剂		公斤	40.00			生产一般耗用
	清洗剂		公斤	40.00			生产一般耗用
	合计						

第二联 交财务

部门主管：丁亮 保管员：冯荣 记账员： 领料人：王英

表 68 领料单

材料科目：材料　　　　编号：112
材料类别：原材料及主要材料　　　　领料仓库：材料库
领料部门：酿造车间　　　　2018 年 2 月 13 日

材料编号	材料名称	规格	计量单位	数量	单价	金额	备注
	消毒剂		公斤	30.00			生产一般耗用
	清洗剂		公斤	36.39			生产一般耗用
	合计						

第二联　交财务

部门主管：丁亮　　保管员：冯荣　　记账员：　　领料人：王英

表 69 原材料费用表

编制单位：海南万泉河啤酒有限责任公司 2018 年 2 月 28 日　　单位：元

应贷账户 / 应借账户	原材料					合计
	麦芽	啤酒花	清洗剂	消毒剂	胶水	
生产成本——清爽						
生产成本——纯生						
制造费用——机物料消耗						
合计						

制单人：

业务 32

表 70 包装物领料单汇总表

编制单位：海南万泉河啤酒有限责任公司　　2018 年 2 月　　附件：　张

领用部门	品名	数量	单价	金额	用途
灌装车间	啤酒瓶				
	清爽标签				
	纯生标签				
	清爽纸箱				
	纯生纸箱				

制单人：

表 71 领料单

材料科目：材料　　　　　　　　　　　　　　　　编号：113
材料类别：原材料及主要材料　　　　　　　　　　领料仓库：材料库
领料部门：灌装车间　　　2018 年 2 月 13 日

材料编号	材料名称	规格	计量单位	数量	单价	金额	备注
	纯生标签		套	720,000			生产纯生用
	啤酒瓶		支	720,000			生产纯生用
	纯生纸箱		个	60,000			生产纯生用
	合计						

第二联 交财务

部门主管：丁亮　　保管员：冯荣　　记账员：　　领料人：曹刚

表 72 包装物费用表

编制单位：海南万泉河啤酒有限责任公司　2018 年 2 月 28 日　　单位：元

应贷账户 / 应借账户	包装物			合计
	啤酒瓶	纯生标签	纯生纸箱	
生产成本——纯生				
合 计				

制单人：

业务 33

表 73 无形资产摊销计算表

2018 年 2 月

项目	账面金额	摊销期限	月摊销额	备注
“龙泉啤酒”商标特许权				
专用技术				
专利权				
土地使用权				
万泉河商标				
合计				

业务 34 生产线、生产设备、厂房、房屋建筑物按 15 年计提折旧，运输设备按 10 年计提折旧，办公设备按 5 年计提折旧。

表 74 固定资产折旧计算汇总表

2018 年 2 月

使用部门	固定资产类别	上月计提折旧额	上月增加固定资产（残值 5%）		上月减少固定资产（残值 5%）		本月应提折旧额	核算账户
			原值	折旧额	原值	折旧额		
酿造车间灌装车间	厂房							
	生产线							
	生产设备							
销售部	运输设备							
	办公设备							
行政部	房屋建筑物							
	办公设备							
合计								

业务 35

表 75 制造费用分配表

2018 年 2 月

分配对象	分配标准（箱）	分配率	分配金额（元）
清爽			
纯生			
合计			

制单人：

业务 36

表 76 完工产品与月末在产品成本分配表

本月完工：100,000 箱

产品名称：万泉河纯生　　2018 年 2 月　　月末在产品：　箱

单位：元

摘要	直接材料	直接人工	制造费用	合计
月初在产品成本	760,812.32			760,812.32
本月生产费用	1,140,364.00	107,817.50	664,246.78	1,912,428.28
生产费用合计	1,901,176.32	107,817.50	664,246.78	2,673,240.60
月末在产品成本				
产成品成本	1,901,176.32	107,817.50	664,246.78	2,673,240.60
单位成本	19.01	1.08	6.64	26.73

制单人：刘悦

表 77　　完工产品成本汇总表

2018 年 2 月　　单位：元

产品名称	计量单位	入库数量（箱）	单位成本	总成本
纯生	箱	100,000	26.73	2,673,240.60
合计				2,673,240.60

制单人：刘悦

业务 37

表 78　　出库汇总表

2018 年 2 月

产品名称	计量单位	数量	单位成本	金　额	备注
清爽	箱				
纯生	箱				
合计					

表 79　　出库单

编号：107

类别：产成品　　2018 年 2 月 4 日　　仓库：成品库

产品编号	产品名称	规格	计量单位	数量	单价	金额	备注
	纯生		箱	20,000			销售
	合计						

第二联　交财务

部门主管：丁亮　　保管员：冯荣　　记账员：　　制单：何丽

表 80　　出库单

编号：108

类别：产成品　　2018 年 2 月 8 日　　仓库：成品库

产品编号	产品名称	规格	计量单位	数量	单价	金额	备注
	清爽		箱	4,000			销售
	合计						

第二联　交财务

部门主管：丁亮　　保管员：冯荣　　记账员：　　制单：何丽

表 81 **出库单**

编号：109

类别：产成品　　2018 年 2 月 15 日　　仓库：成品库

产品编号	产品名称	规格	计量单位	数量	单价	金额	备注
	纯生		箱	80,000			销售
	清爽		箱	24,000			销售
	合计						

第二联 交财务

部门主管：丁亮　　保管员：冯荣　　记账员：　　制单：何丽

业务 38 计算销售商品环节相关税费。

表 82 **增值税税额计算表**

2018 年 2 月

项目	行次	金额
销项税额	1	
进项税额转出	2	
进项税额	3	
本月应交增值税	4=1+2−3	
期初留抵税额	5	
本月预交增值税	6	
本月应交未交增值税	7=4−5−6	

表 83 **消费税税额计算表**

2018 年 2 月

产品名称	销售量（箱）	销售量（吨）	税率（元 / 吨）	应交消费税额
清爽				
纯生				
合计				

备注：1 吨啤酒 =988 升

清爽销售量 =（　　）箱 ×12 瓶 / 箱 ×0.64 升 / 瓶 ÷988 吨 / 升 =（　　）吨

纯生销售量 =（　　）箱 ×12 瓶 / 箱 ×0.64 升 / 瓶 ÷988 吨 / 升 =（　　）吨

表 84　　城市维护建设税、教育费附加计算表

2018 年 2 月

项目	行次	金额
增值税额	1	
消费税额	2	
流转税额	3=1+2	
应交城市维护建设税	4=3 x 7%	
应交教育费附加	5=4 x 3%	

业务 39

表 85　　借款利息计算表

年　　月　　　　单位：元

编号	借款本金	借款期限	年利率	每月应计利息
合计				

复核：　　　　制表人：　　　　制表日期：

业务 40

表 86　　固定资产交接（验收）单

2018 年 2 月 28 日

<table>
<tr><td>固定资产编号</td><td>名称</td><td>规格</td><td>型号</td><td>计量单位</td><td>数量</td><td>建造单位</td><td>建造编号</td><td>资金来源</td><td>附属技术资料</td></tr>
<tr><td>20-15</td><td>自动生产线</td><td></td><td></td><td>条</td><td>1</td><td></td><td></td><td>自有</td><td></td></tr>
<tr><td rowspan="2">总价（净值）
2,704,300.00</td><td>设备价值</td><td>设备费</td><td>安装费</td><td>运杂费</td><td>包装费</td><td>其他</td><td>合计</td><td>预计年限</td><td>净残值率</td></tr>
<tr><td>2,524,300.00</td><td></td><td>30,000.00</td><td></td><td></td><td>150,000.00</td><td></td><td>10</td><td>5%</td></tr>
<tr><td colspan="6">生产线</td><td>原值</td><td>2,704,300.00</td><td>已提折旧</td><td></td></tr>
<tr><td>验收意见</td><td colspan="2">合格，交管理部门使用</td><td colspan="2">验收人签章</td><td>王忆</td><td colspan="2">保管使用人签章</td><td colspan="2">张雨</td></tr>
</table>

业务 41　结转本月损益类账户发生额。

业务 42　编制会计报表。

表 87 **利润表**

会企 02 表

编制单位： 年 月 单位：元

项目	本期金额	本年累计金额
一、营业收入		
减：营业成本		
税金及附加		
销售费用		
管理费用		
财务费用		
资产减值损失		
加：公允价值变动收益（损失以“–”号填列）		
投资收益（损失以“–”号填列）		
其中：对联营企业和合营企业的投资收益		
其他收益		
二、营业利润（亏损以“–”号填列）		
加：营业外收入		
减：营业外支出		
三、利润总额（亏损总额以“–”号填列）		
减：所得税费用		
四、净利润（净亏损以“–”号填列）		
五、其他综合收益的税后净额		
（一）以后不能重分类进损益的其他综合收益		
（二）以后将重分类进损益的其他综合收益		
六、综合收益总额		
七、每股收益		
（一）基本每股收益		
（二）稀释每股收益		

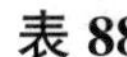

资产负债表

会企 01 表

编制单位： 年 月 日 单位：元

资产	期末余额	年初余额	负债及所有者权益	期末余额	年初余额
流动资产：			**流动负债：**		
货币资金			短期借款		
以公允价值计量且其变动计入当期损益的金融资产			以公允价值计量且其变动计入当期损益的金融负债		
衍生金融资产			衍生金融负债		
应收票据			应付票据		
应收账款			应付账款		
预付款项			预收款项		
应收利息			应付职工薪酬		
应收股利			应交税费		
其他应收款			应付利息		
存货			应付股利		
持有待售资产			其他应付款		
一年内到期的非流动资产			持有待售负债		
其他流动资产			一年内到期的非流动负债		
流动资产合计			其他流动负债		
非流动资产：			**流动负债合计**		
以摊余成本计量的金融资产			**非流动负债：**		
以公允价值计量且其变动计入其他综合收益的金融资产			长期借款		
长期应收款			应付债券		
长期股权投资			长期应付款		
投资性房地产			专项应付款		
固定资产			预计负债		
在建工程			递延收益		
工程物资			递延所得税负债		
固定资产清理			其他非流动负债		
生产性生物资产			**非流动负债合计**		
油气资产			**负债合计**		
无形资产			**所有者权益：**		
开发支出			实收资本（或股本）		
商誉			资本公积		
长期待摊费用			减：库存股		
递延所得税资产			其他综合收益		
其他非流动资产			盈余公积		
非流动资产合计			未分配利润		
			所有者权益合计		
资产总计			**负债及所有者权益总计**		

表 89

现金流量表

会企 03 表

编制单位： 年 月 单位：元

项目	本期金额	上期金额
一、经营活动产生的现金流量：		
销售商品、提供劳务收到的现金		
收到的税费返还		
收到其他与经营活动有关的现金		
经营活动现金流入小计		
购买商品、接受劳务支付的现金		
支付给职工以及为职工支付的现金		
支付的各项税费		
支付其他与经营活动有关的现金		
经营活动现金流出小计		
经营活动产生的现金流量净额		
二、投资活动产生的现金流量：		
收回投资收到的现金		
取得投资收益收到的现金		
处置固定资产、无形资产和其他长期资产收回的现金净额		
处置子公司及其他营业单位收到的现金净额		
收到其他与投资活动有关的现金		
投资活动现金流入小计		
购建固定资产、无形资产和其他长期资产支付的现金		
投资支付的现金		
取得子公司及其他营业单位支付的现金净额		
支付其他与投资活动有关的现金		
投资活动现金流出小计		
投资活动产生的现金流量净额		
三、筹资活动产生的现金流量：		
吸收投资收到的现金		
取得借款收到的现金		
收到其他与筹资活动有关的现金		
筹资活动现金流入小计		
偿还债务支付的现金		
分配股利、利润或偿付利息支付的现金		
支付其他与筹资活动有关的现金		
筹资活动现金流出小计		
筹资活动产生的现金流量净额		
四、汇率变动对现金及现金等价物的影响		
五、现金及现金等价物净增加额		
加：期初现金及现金等价物余额		
六、期末现金及现金等价物余额		